# ELOGIO ESPIRITUAL DE LA

# PAZ

# GUILLAUME LE FLOCH

# ELOGIO ESPIRITUAL DE LA
# PAZ

SAN PABLO

© SAN PABLO 2025
Protasio Gómez, 11-15. 28027 Madrid
Tel. 917 425 113
secretaria.edit@sanpablo.es - www.sanpablo.es
© 2024, Groupe Elidia
Éditions Artège
10, rue Mercoeur – 75011 Paris
9, espace Méditerranée – 66000 Perpignan
www.editionsartege.fr

Título original: *Éloge spirituel de la paix*
Traducción: Almudena Ligero

*Distribución:* SAN PABLO. División Comercial
Resina, 1. 28021 Madrid
Tel. 917 987 375
ventas@sanpablo.es
ISBN: 978-84-285-7247-7
Depósito legal: M. 14-2025
Impreso en LiberDigital
Printed in Spain. Impreso en España

# Introducción

Después de tanto oír hablar de la paz en canciones como *La paz tendrá tu rostro* y en las numerosas manifestaciones de la época que reivindicaban la concordia, no quería saber nada más del tema.

Reconozco que esas manifestaciones pacíficas tuvieron en mí el efecto contrario. Me sentía más inclinado a pensar «dejadme en paz» que «paz y amor», y estaba dispuesto a boicotear todos los eslóganes que reclamaban la paz. ¡Y eso que la lista era larga!

Entonces, ¿por qué escribir sobre la paz?, os preguntaréis. Personalmente era más sensible a la alegría, de la que no se hablaba tanto. De hecho, en mi ordenación sacerdotal elegí la frase: «Alegraos en el Señor siempre» (Flp 4,4), convencido de que esa alegría nos la proporciona el Señor y debemos vivirla y compartirla.

Pero a medida que profundizaba en el tema y vivía distintas experiencias, me di cuenta de que esta bienaventuranza –la paz– prolonga la alegría. No podemos estar alegres todo el tiempo, pero sí podemos estar en paz, o al menos intentarlo.

La aversión que sentí durante tanto tiempo hacia el tema de la paz estaba sin duda relacionada con una confusión entre la paz interior y la paz como ausencia de guerra. Sin embargo, es de sentido común ver cuál es la consecuencia de la paz interior: quien esté en armonía consigo mismo estará más dispuesto a detener la guerra a su alrededor. Un amplio abanico de personalidades dan fe de ello.

«¿Qué puedes hacer para promover la paz en el mundo? Volver a casa y querer a tu familia». Esta invitación a promover la concordia por parte de la Madre Teresa no tiene nada de sorprendente. Es más bien el consejo que da lo que nos sorprende. Sorprende que una persona tan generosa y comprometida insista en amar a la familia. Conocida por su trabajo en favor de los más pobres de la India, la Madre Teresa nos da sin embargo un consejo muy sencillo que podemos poner en práctica fácilmente. La paz comienza por uno mismo.

En la misma línea, Víctor Hugo nos aconseja: «Si quieres la paz, promueve el amor». También Marco Aurelio decía siglos antes: «Quien está en

paz consigo mismo está en paz con el universo».
Podría seguir dando ejemplos, pero sugiero empezar por redescubrir esa paz.

En mi deseo inconsciente de encontrar la serenidad, me marcó una inscripción en el mármol que había a la entrada del seminario, inscripción que no podía dejar de ver al entrar y salir: «Señor, dígnate habitar esta casa. Concede la alegría a los que entran y la paz a los que la habitan». La paz, aunque sea frágil –como veremos en este libro–, prolonga la alegría.

No pretendo ser un «doctor de la paz», pero me gustaría ayudaros a encontrarla o a conservarla. Para encontrarla hay que empezar por redescubrirla, que es algo que nunca terminamos de hacer, pues el término «paz», en sí mismo, puede constituir una trampa para algunas personas. Lógicamente, en esa búsqueda hay muchos obstáculos que conviene conocer para poder superarlos. Pero antes debemos detenernos en la naturaleza paradójica de la paz que, en muchos aspectos, puede desanimarnos en nuestro deseo de buscarla. Por último, veremos los medios concretos para encontrar la paz o conservarla.

# CAPÍTULO 1

# Una invitación a redescubrir la paz

## Una paz para todos

Independientemente de nuestras opiniones políticas o religiosas, resulta natural aspirar a la serenidad y a la armonía. En el deseo de estar en paz podemos encontrar fácilmente, más allá de la fe, aspectos como la serenidad y el bienestar, que pertenecen en el fondo a la misma aspiración. Es fácil encontrar extractos en la Biblia para ilustrar esa búsqueda, como por ejemplo en las bienaventuranzas: «Dichosos los que trabajan por la paz, porque ellos serán llamados hijos de Dios» (Mt 5,9); o el salmo: «Me acuesto en paz y enseguida me duermo, pues tú solo, Señor, me haces vivir tranquilo» (Sal 4,9). La lista podría ser muy larga: la palabra «paz» aparece muchas veces en la Biblia.

Pero también podemos encontrarla en la obra de muchos artistas, como Stéphan Eicher en su canción *Desayunar en paz*. A la protagonista de la canción le gustaría desayunar en paz, a pesar del mundo que la rodea:

Ya nada le sorprende de la naturaleza humana.
Por eso le gustaría, si es posible,
desayunar en paz, desayunar en paz[1].

Al humorista Coluche le gustaría que dejaran tranquila a la paz: «Los guardianes de la paz, en vez de guardarla, ¡deberían dejarla en paz!».

Aunque no utilicemos la palabra «paz», todos deseamos vivir en armonía y serenidad, o al menos estar tranquilos en ciertos momentos. En función de la persona, ese deseo de paz se manifestará de diferentes maneras.

En la publicidad que recibo por internet me encontré una vez con este artículo: «Diez actividades para sentirse mejor este verano». El deseo de ser feliz, de estar en paz, nos atañe a todos. Antes de presentar las actividades, el artículo subrayaba ese deseo, esa búsqueda de bienestar y de tiempo para uno mismo provocada por el aumento del estrés y la ansiedad.

---

[1] Extracto de la canción *Desayunar en paz*, de Stéphan Eicher.

Las diez actividades para ser feliz que enumeraba el artículo también pueden proporcionarnos la paz: «Descansar y no hacer nada (45 %), hacer turismo (41 %), hacer turismo de aventura (18 %), hacer deporte (18 %), escuchar música (15 %), conocer a gente nueva (14 %), leer (13 %), salir de fiesta (11 %), meditar (6 %), hacer actividades artísticas (4 %)»[2].

## ¿Qué es la paz?

La paz no es la ausencia de guerra, es algo mucho más profundo. La paz es, en primer lugar, algo parecido a una plenitud, un don de Dios. Gozar de ese don no es tan fácil; no siempre se dan las condiciones para vivirlo. No siempre existe la voluntad o el dinero necesario para hacer un alto al fuego.

Para Spinoza la paz es una virtud, un estado del espíritu, una voluntad de hacer el bien, de confianza, de justicia.

En su *Ciudad de Dios,* san Agustín nos ofrece diez definiciones de la paz: cinco que concier-

---

[2] Resultado de una encuesta a diez mil personas realizada por la agencia de viajes Opodo. Recogido en L. Valette, *Travel therapy: les 10 activités à faire cet été pour se sentir mieux* (4 de julio de 2023), en psychologies.com. [Se puede consultar la encuesta en español en J. Ballion, *Viajar sí sirve como terapia y te hace más feliz, según los estudios,* Vogue México y Latinoamérica (18 de agosto de 2023)].

nen al ser individual y cinco al aspecto social. Estas definiciones nos ayudan a comprender las diferentes dimensiones de la paz, aunque el objetivo de su autor no sea establecer una clasificación exhaustiva para ver en qué casos podemos experimentarlas. San Agustín nos muestra a la perfección los diferentes tipos de paz, su riqueza y su diversidad:

La paz del cuerpo es el orden armonioso de sus partes.

La paz del alma irracional es la ordenada quietud de sus apetencias.

La paz del alma racional es el acuerdo ordenado entre pensamiento y acción.

La paz entre el alma y el cuerpo es el orden de la vida y la salud en el ser viviente.

La paz del hombre mortal con Dios es la obediencia bien ordenada según la fe bajo la ley eterna.

La paz entre los hombres es la concordia bien ordenada.

La paz doméstica es la concordia bien ordenada en el mandar y en el obedecer de los que conviven juntos.

La paz de una ciudad es la concordia bien ordenada en el gobierno y en la obediencia de sus ciudadanos.

La paz de la ciudad celeste es la sociedad perfectamente ordenada y perfectamente armoniosa en el gozar de Dios y en el mutuo gozo en Dios.

La paz de todas las cosas es la tranquilidad del orden.

Y el orden es la distribución de los seres iguales y diversos, asignándole a cada uno su lugar[3].

El espíritu bien ordenado de san Agustín nos ayuda a entender todas las manifestaciones de la paz y la relación que guardan entre sí.

## Más allá de la alegría

Como decía en la introducción, la paz dura más que la alegría. Hace un año perdí a mi hermano de un cáncer. Tenía 38 años, estaba casado y tenía cinco hijos. Desde el punto de vista humano se trataba de una situación dramática, así que era difícil estar alegre. Sin embargo, me atrevo a decir que estábamos tranquilos. Mi hermano partió con serenidad, y su entierro constituyó un hermoso testimonio de fe y esperanza. Teniendo en cuenta las circunstancias, obviamente no estábamos contentos. Pero

---

[3] Agustín de Hipona, *Ciudad de Dios,* lib. 19, c. 13, 3, trad. de Santos Santamarta y Miguel Fuertes (N. de la T.).

gracias a su serenidad, a la esperanza que nos habitaba y a la fuerza de la oración, puedo decir que estábamos en paz.

Siempre he sido y sigo siendo muy sensible al tema de la alegría, de la que, como cristianos, debemos dar testimonio. La alegría no siempre es fácil o deseable: de hecho tiene una naturaleza efímera, aunque la del Señor sea más profunda que la del mundo. La paz puede ayudarnos a prolongar esa alegría más allá de las dificultades. En algunas situaciones, como la que acabo de describir, resulta difícil, por no decir extraño, hablar de alegría. Hacerlo parece poco apropiado e incluso inconveniente. Sin embargo, después de una pérdida o una dificultad, y aunque lleve tiempo, necesitamos recuperar la paz.

Para que los apóstoles recuperen la alegría después de su muerte, Jesús insiste en el don de la paz. Por su parte, el papa Francisco subraya la necesidad, para ser testigos creíbles del Evangelio frente a las dificultades del mundo, de estar alegres o al menos en paz:

> En él [Jesús] es posible encontrar la paz interior y la fuerza para afrontar cada día las diversas situaciones de la vida, incluso las más pesadas y difíciles. Nunca se escuchó hablar de un santo triste

o de una santa con rostro fúnebre. Nunca se oyó decir esto. Sería un contrasentido. El cristiano es una persona que tiene el corazón lleno de paz porque sabe centrar su alegría en el Señor incluso cuando atraviesa momentos difíciles de la vida. Tener fe no significa no tener momentos difíciles, sino tener la fuerza de afrontarlos sabiendo que no estamos solos. Y esta es la paz que Dios dona a sus hijos[4].

En su Carta a los filipenses, san Pablo nos invita a alegrarnos en el Señor: «Alegraos en el Señor siempre; lo repito: alegraos» (Flp 4,4). Algunos versículos más tarde prosigue su razonamiento diciendo:

Que vuestra bondad sea notoria a todos los hombres. El Señor está cerca. No os inquietéis por cosa alguna, sino más bien en toda oración y plegaria presentad al Señor vuestras necesidades con acción de gracias. Y la paz de Dios, que sobrepasa toda inteligencia, guardará vuestros corazones y vuestros pensamientos en Cristo Jesús (Flp 4,5-7).

---

[4] Papa Francisco, *Ángelus del III domingo de Adviento «Gaudete»*, 14 de diciembre de 2014.

## «¡La paz esté con vosotros!»

Si nos atrevemos a decir que la paz es más profunda que la alegría, es porque es Jesús quien nos la da. La tarde de Pascua, Jesucristo se aparece a sus discípulos atemorizados: hacía tres años que le seguían y se sienten completamente perdidos. A pesar de los anuncios de su Pasión, los discípulos no han entendido nada de su muerte. Su miedo resulta comprensible: tienen motivos de sobra para estar asustados. Entonces Jesús resucitado se reúne con ellos en el cenáculo y les desea la paz:

> Llegó Jesús, se puso en medio y les dijo: «¡La paz esté con vosotros!». Y les enseñó las manos y el costado. Los discípulos se llenaron de alegría al ver al Señor. Él repitió: «¡La paz esté con vosotros! Como el Padre me envió a mí, así os envío yo a vosotros» (Jn 20,19-21).

Después de lo que han vivido, la alegría no se impone de manera inmediata. Es en ese momento cuando Jesús les desea la paz por segunda vez. No habla de su muerte, no justifica nada: se contenta con desearles la paz. El don de la alegría, gracias a su presencia, es más fuerte que cualquier discurso. Además, los discípulos no le han preguntado nada. Ese don de la paz Jesús se lo concede cuando están reunidos. Y ocho días más tarde, Jesús los saluda de nuevo con la misma frase, esta vez en presencia de Tomás:

> Ocho días después, estaban nuevamente allí dentro los discípulos, y Tomás con ellos. Jesús llegó, estando cerradas las puertas, se puso en medio y les dijo: «¡La paz esté con vosotros!» (Jn 20,26).

De la misma manera, Jesús nos transmite su paz también a nosotros. Puede que no lo haga de una forma tan visible, pero viene a reunirse con nosotros y a transmitirnos su fuerza. También nosotros tenemos dudas y miedos. Jesús ha resultado vencedor: su victoria es definitiva y total, aunque esta no se nos imponga de manera inmediata. La paz que nos transmite en la Pascua es una señal de su victoria.

«Cristo es nuestra paz», nos dice san Pablo, por eso puede concederla a sus apóstoles: gracias a su muerte y su Resurrección, Jesús proporciona la reconciliación y la paz al mundo. Cuando la concede a sus apóstoles, no lo hace como un consuelo espiritual:

> Él es nuestra paz; el que de ambos pueblos hizo uno, derribando el muro que los separaba, la ene-

mistad; anulando en su propio cuerpo la ley, sus mandamientos y decretos. Él ha formado de los dos, en su propia persona, una nueva humanidad, haciendo así la paz. Él hizo de los dos un solo cuerpo y los ha reconciliado con Dios por medio de la cruz, destruyendo en sí mismo la enemistad; con su venida anunció la paz a los que estabais lejos y a los que estaban cerca; porque por él los unos y los otros tenemos acceso al Padre en un mismo Espíritu. De tal suerte que ya no sois extranjeros y huéspedes, sino que sois ciudadanos de los consagrados y miembros de la familia de Dios, edificados sobre el fundamento de los apóstoles y de los profetas. La piedra angular de este edificio es Cristo Jesús (Ef 2,14-20).

Con Isaías acogemos a Jesús, el Mesías, como príncipe de la paz, antes incluso de su victoria sobre la muerte. Todos los años, en Adviento, las lecturas insisten en el tema de la paz durante ese tiempo de espera:

Que un niño nos ha nacido, un hijo se nos ha dado; sobre sus hombros el imperio, y su nombre será: Consejero admirable, Dios potente, Padre eterno, Príncipe de la paz, para ensanchar el imperio, para una paz sin fin en el trono de David y en su reino; para asentarlo y afirmarlo en el dere-

cho y la justicia desde ahora para siempre. El celo
del Señor omnipotente hará todo esto (Is 9,5-6).

Prepararnos para la Navidad, prepararnos
para acoger al Mesías supone también prepararse
para vivir esa armonía. Desde su nacimiento,
Jesucristo nos trae la felicidad. Los ángeles anun-
cian esa paz a los pastores:

> Había en la misma región unos pastores acampa-
> dos al raso, guardando por turno sus rebaños. Se
> les presentó el ángel del Señor, y la gloria del Señor
> los envolvió con su luz. Ellos se asustaron. El ángel
> les dijo: «No tengáis miedo, pues os anuncio una
> gran alegría, que lo será para todo el pueblo. En
> la ciudad de David hoy os ha nacido un salvador,
> el mesías, el Señor. Esto os servirá de señal: En-
> contraréis un niño envuelto en pañales y acostado
> en un pesebre». Y enseguida se unió al ángel una
> multitud del ejército celestial, que alababa a Dios
> diciendo: «Gloria a Dios en el cielo y paz en la tie-
> rra a los hombres que Él ama» (Lc 2,8-14).

En su comentario a las bienaventuranzas
incluido en la exhortación apostólica *Gaudete
et exsultate,* el papa Francisco, al comentar la
séptima bienaventuranza sobre la paz, insiste en
la fecundidad de los pacíficos:

Los pacíficos son fuente de paz, construyen paz y amistad social. A esos que se ocupan de sembrar paz en todas partes, Jesús les hace una promesa hermosa: «Ellos serán llamados hijos de Dios» (Mt 5,9). Él pedía a los discípulos que cuando llegaran a un hogar dijeran: «Paz a esta casa» (Lc 10,5). La palabra de Dios exhorta a cada creyente para que busque la paz junto con todos (cf 2Tim 2,22), porque «el fruto de la justicia se siembra en la paz para quienes trabajan por la paz» (Sant 3,18). Y si en alguna ocasión en nuestra comunidad tenemos dudas acerca de lo que hay que hacer, «procuremos lo que favorece la paz» (Rom 14,19) porque la unidad es superior al conflicto[5].

## La paz como fruto del Espíritu

No solo Cristo resucitado nos concede la paz sino que, al enviarnos al Espíritu Santo, nos permite vivir esa concordia. Conocemos más o menos los dones que hemos recibido del Espíritu Santo. Pero conocemos menos los frutos del Espíritu: si vivimos bajo la guía del Espíritu Santo, daremos fruto. El término «fruto» ilustra muy bien esa fecundidad.

---

[5] Papa Francisco, *Gaudete et exsultate* 88.

En su Carta a los gálatas Pablo, antes de enumerar los frutos del Espíritu Santo y sin duda para acentuar el contraste, presenta las obras de la carne. En este caso no se trata de frutos. Ninguna fecundidad procede de esta lista:

Las obras de la carne son bien claras: lujuria, impureza, desenfreno, idolatría, supersticiones, enemistades, disputas, celos, iras, litigios, divisiones, partidismos, envidias, homicidios, borracheras, comilonas y cosas semejantes a estas. Os advierto, como ya antes os advertí, que los que se entregan a estas cosas no heredarán el reino de Dios (Gál 5,19-21).

Aunque esta lista está escrita en el estilo de la época, no es muy alentadora que digamos. En la carta, Pablo establece un contraste entre las obras de la carne que acabamos de enumerar y las obras del Espíritu. Si vivimos bajo la guía del Espíritu Santo daremos fruto, y la paz es uno de ellos:

Por el contrario, los frutos del Espíritu son: amor, alegría, paz, generosidad, benignidad, bondad, fe, mansedumbre, continencia (Gál 5,22-23).

Los frutos del Espíritu que enumera Pablo son sin duda mucho más motivadores. El Espíritu Santo no se impone, asume el lugar que le dejamos. Esa paz que vivimos bajo su guía no es solo para nuestro bienestar y nuestra comodidad personal. Es una paz que no debe impedirnos asumir riesgos, atrevernos a anunciar el Evangelio. El papa Francisco nos recuerda que esa misión no es opcional. ¿Qué sería de esa paz si nos replegáramos en nosotros mismos?:

> ¿Acaso el Espíritu Santo puede lanzarnos a cumplir una misión y al mismo tiempo pedirnos que escapemos de ella, o que evitemos entregarnos totalmente para preservar la paz interior? Sin embargo, a veces tenemos la tentación de relegar la entrega pastoral o el compromiso en el mundo a un lugar secundario, como si fueran «distracciones» en el camino de la santificación y de la paz interior. Se olvida que «no es que la vida tenga una misión, sino que es misión»[6].

## «Busca la paz y corre en pos de ella»

Más allá de las imágenes que nos hacemos de ella, la paz tiene un matiz dinámico:

---

[6] *Ib*, 27.

¿Quién es el que ama la vida y quiere vivir años felices? Guarda del mal tu lengua, y tus labios de palabras mentirosas; apártate del mal y haz el bien, busca la paz y corre en pos de ella (Sal 34,13-15).

La búsqueda de la felicidad de la que habla el salmo 34 podría, en cierto modo, compararse a la búsqueda del peregrino ruso. Para encontrar la oración perfecta, el peregrino ruso va de monasterio en monasterio al encuentro de distintos *staretzs*. El peregrino desea prolongar su oración de manera infinita, pasar del acto de oración al estado de oración:

> Entré en la iglesia para orar durante el oficio; se leía la carta del apóstol a los tesalonicenses, en el pasaje que dice: «Orad sin cesar». Esta palabra penetró profundamente en mi espíritu y me pregunté cómo es posible orar sin pausa cuando cada uno debe ocuparse en numerosos trabajos para ganarse la vida. Busqué en la Biblia y leí con mis propios ojos, exactamente, lo que acababa de oír: «Es necesario orar sin cesar» (1 Tes 5,17), «orar en espíritu en toda ocasión» (Ef 6,18), «elevad en todo lugar las manos suplicantes» (1 Tim 2,8). Reflexioné sobre esto y no supe qué hacer[7].

---

[7] Anónimo, *Relatos de un peregrino ruso,* Sígueme, Salamanca 2003⁵, 17.

Después de esta interpelación leída en la carta de san Pablo, el peregrino ruso emprende un viaje para vivir y descubrir esa oración continua.

Permanecer en la paz que nos proporciona Jesucristo... ¿no sería una manera de prolongar nuestra oración y de permanecer en él, como nos invita a hacer en su discurso de despedida?: «Si guardáis mis mandamientos, permaneceréis en mi amor, como yo he guardado los mandamientos de mi Padre y permanezco en su amor. Os he dicho estas cosas para que mi alegría esté dentro de vosotros y vuestra alegría sea completa» (Jn 15,10-11).

Esa búsqueda de paz no solo está reservada a las almas elevadas, como la del peregrino ruso. Su ejemplo es un estímulo que nos anima a hacer lo mismo.

Cuando va de planeta en planeta, el Principito también está en un proceso de búsqueda. Pero a cada planeta le falta algo: amigos, vacaciones, espacio... Entre sus interlocutores está un hombre de negocios para el que no hay esperanza de paz:

—En los cincuenta y cuatro años que habito este planeta, solo he sido molestado tres veces. La primera fue hace veintidós años por un abejorro que cayó Dios sabe de dónde. Produjo un ruido

espantoso y cometí cuatro errores en una suma.
La segunda fue hace once años por un ataque de
reumatismo. Me hace falta ejercicio. No tengo
tiempo para moverme. Yo soy serio. La tercera
vez... ¡Hela aquí! Decía, pues, quinientos un millones...

—¿Millones de qué?

El hombre de negocios comprendió que no
había esperanza de paz[8].

La búsqueda de la concordia, siguiendo el
ejemplo del peregrino ruso y del Principito,
también puede emprenderse de manera mucho
más concreta comprometiéndose por la paz. Estamos invitados no solo a buscarla, sino también
a perseguirla. Eso subraya su lado efímero. Por
mucho que la hayamos encontrado y experimentado, no se nos ha permitido conservarla. En esa
invitación de Jesús hay algo dinámico. No es
quedándonos de brazos cruzados como vamos a
encontrar la paz, sino siguiendo el ejemplo del
peregrino ruso y del Principito.

Esa naturaleza dinámica de la paz se encuentra también en los consejos de Jesús para presentar nuestras oraciones:

---

[8] A. de Saint-Exupéry, *El Principito,* Emecé, Barcelona 2019.

Pedid y se os dará; buscad y encontraréis; llamad y se os abrirá. Porque todo el que pide recibe, y el que busca encuentra y al que llama se le abre. ¿O quién de vosotros si su hijo le pide pan le dará una piedra? O si le pide un pez, ¿le dará una serpiente? Pues si vosotros, que sois malos, sabéis dar a vuestros hijos cosas buenas, ¡cuánto más vuestro Padre celestial dará cosas buenas a quien se las pida! (Mt 7,7-11).

En esta invitación lo primero es seguir a Jesús, que es el príncipe de la paz. Aquel que le sigue es el discípulo: todos estamos invitados a ser discípulos de Cristo.

Pero para avanzar no siempre sabemos qué hacer. El Papa nos enseña que la calma es siempre la mejor opción y que la serenidad es un buen criterio de discernimiento:

Y si en alguna ocasión en nuestra comunidad tenemos dudas acerca de lo que hay que hacer, «procuremos lo que favorece la paz» (Rom 14,19) porque la unidad es superior al conflicto[9].

---

[9] Papa Francisco, *Gaudete et exsultate* 88.

## Permanecer en la paz

Cuando le pedimos al Señor que nos conceda esa quietud de quienes permanecen en la paz, debemos entender bien el término «permanecer». Cuando Jesús utiliza este verbo en el evangelio de Juan no lo hace de manera banal. En la primera pregunta de los discípulos podemos encontrar nuestra propia búsqueda de paz: «*Rabí* (que significa maestro), ¿dónde *vives*[10]?» (Jn 1,38). Los discípulos no se contentan con pedirle su dirección; su pregunta es mucho más fuerte: vivir no puede hacerse sin tomarse un tiempo. Jesús les invita entonces a ir a verlo: «"Venid y lo veréis". Fueron, vieron dónde vivía y *permanecieron* con él aquel día. Eran como las cuatro de la tarde» (Jn 1,39). La respuesta de Jesús a Andrés y a Juan nos invita también a nosotros a ir y ver con los ojos de la fe.

En el discurso de despedida de Jesús, ese magnífico y largo discurso en el evangelio de Juan, justo después del lavatorio de los pies y antes de la Pasión, él sabe que está a punto de entregar su vida, e invita varias veces a sus discípulos a permanecer con él:

---

[10] La traducción de la Biblia francesa utiliza en este caso el verbo «permanecer», en el sentido de «habitar» (N. de la T.).

Permaneced en mí, como yo en vosotros. Lo mismo que el sarmiento no puede dar fruto por sí mismo, si no permanece en la vid; así tampoco vosotros si no permanecéis en mí (Jn 15,4)[11].

Permaneciendo en la paz tendremos necesidad de compartirla, de cosecharla. Tal vez sea así como demos fruto. «Sembrar paz a nuestro alrededor, esto es santidad»[12].

## La paz de la mañana a la noche

En ese redescubrimiento de la paz, si queremos permanecer en esa quietud tenemos la posibilidad de hacerlo de la mañana a la noche: todos los días, con la liturgia de las horas, empezamos y terminamos con la paz. Por la mañana en la oración de laudes, con el cántico de Zacarías, le pedimos al Señor que guíe «nuestros pasos por el camino de la paz» (Lc 1,79). Cuando Zacarías recupera el uso de la palabra, da gracias al Señor mencionando el papel de su Hijo, que nos guiará por el camino de la paz.

Por la noche en la oración de completas, le pedimos al Señor retirarnos en calma con el

---

[11] Traducción en este caso de la Biblia de Jerusalén (N. de la T.).
[12] Papa Francisco, *Gaudete et exsultate* 89.

anciano Simeón que, después de haber reconocido en Jesús al Mesías esperado, está dispuesto
a morir en paz:

> Ahora, Señor, puedes dejar morir en paz a tu sier-
> vo, porque tu promesa se ha cumplido: mis pro-
> pios ojos han visto al Salvador que has preparado
> ante todos los pueblos, luz para iluminar a las na-
> ciones y gloria de tu pueblo, Israel (Lc 2,29-32).

La célebre antífona que precede al cántico
evangélico insiste en esa petición de reposo al
final del día:

> Sálvanos, Señor, despiertos, protégenos mientras
> dormimos, para que velemos con Cristo y des-
> cansemos en paz.

Entre estas dos peticiones que sirven de
marco a nuestros días, conviene tener el deseo
de permanecer en la tranquilidad, independientemente de nuestras ocupaciones. A lo largo de
la jornada, podemos retomar el cántico común-
mente asociado al salmo 130: «Guarda mi alma
en la paz junto a ti, Señor».

# CAPÍTULO 2

# Una paz paradójica

Esa paz que no dejamos de redescubrir también resulta paradójica. De hecho, su naturaleza ambivalente puede desanimarnos en nuestra búsqueda. Por eso es necesario detenerse en las paradojas de la paz, para aprender a superarlas. Podemos clasificarlas en tres grupos: las paradojas que se dan en nuestra vida, las que se dan en la expresión de nuestra fe y las que se dan en las cuestiones que parecen estar en contradicción con la paz, sin olvidar que todas ellas están bastante relacionadas. Pero antes de tratarlas, conviene que nos detengamos en una paradoja flagrante: el hecho de que la paz nunca sea total.

## Una paz que nunca es total

Entre las numerosas paradojas que podrían desanimarnos en la búsqueda de la paz está el hecho de que nunca haya un momento sin conflicto. Algunos conflictos armados se prolongan de tal manera que los medios de comunicación incluso dejan de hablar de ellos. Las dificultades para llegar a un alto al fuego conducen al desánimo, el cual no contribuye precisamente a la serenidad. Aunque hayamos establecido una distinción entre ellas, la paz como ausencia de guerra y la paz interior están profundamente relacionadas. Por eso, la armonía que nos presenta Isaías puede parecernos utópica:

> El lobo habitará con el cordero, el leopardo se acostará junto al cabrito; ternero y leoncillo pacerán juntos, un chiquillo los podrá cuidar. La vaca y la osa pastarán en compañía, juntos reposarán sus cachorros, y el león como un buey comerá hierba. El niño de pecho jugará junto al agujero de la víbora; en la guarida del áspid meterá su mano el destetado. No harán ya mal, ni causarán más daño en todo mi monte santo, porque el país estará lleno del conocimiento del Señor, como las aguas llenan el mar (Is 11,6-9).

Entre la esperanza expresada por Isaías y las guerras interminables, nuestro deseo de tranquilidad se tambalea, y no siempre es fácil superarlo para no parecer egoísta.

## En nuestra vida

*No necesariamente según los criterios del mundo*

Imaginad unas vacaciones en las que todo es perfecto: sol, una playa de ensueño, un hotel increíble, gente agradable... Cada uno puede imaginar cómo prolongar esta lista en función de sus deseos. Pero imaginad que, a pesar de ese contexto ideal, esas vacaciones de ensueño se ven empañadas por disputas y tensiones que impiden estar en paz, cuando todos los elementos, según los criterios del mundo, parecen reunirse para pasar unos momentos agradables.

De la misma manera, imaginad una semana de vacaciones en un pueblecito del norte donde llueve todo el día y el alojamiento deja mucho que desear. Sin embargo, experimentáis con vuestros amigos o vuestra familia una paz que os hace olvidar las contrariedades externas para centraros en lo esencial: esa felicidad, esa armonía que habéis vivido. Obviamente, no es imposible estar en paz en una situación paradisíaca. Pero también puede ocurrir lo contrario. Cuando planeamos las vacaciones nos preocupamos por lo externo, pero para disfrutarlas de verdad conviene tener en cuenta otros detalles. Lo mismo que sucede en las vacaciones puede aplicarse también en nuestra vida cotidiana.

## La paz es frágil

Esa paz, que es paradójica, resulta especialmente frágil. Durante meses podemos conservarla y, en un abrir y cerrar de ojos, podemos perderla. Y recuperarla no siempre es fácil.

Sin duda, tomar conciencia de su fragilidad nos ayudará a hacer todo lo posible para preservarla. De la misma forma que nos invita a buscar la paz, el salmo 34 nos anima a continuación a «correr en pos de ella». Esa frágil armonía conviene conservarla.

Acabo de vivir una experiencia que podría parecer anodina y, sin embargo, somos dos las personas que hemos perdido la tranquilidad a consecuencia de ella. Estaba muy ocupado y he respondido a un mensaje demasiado rápido y de una forma un tanto brusca. Aunque tenía ciertas dudas acerca del tema, no me he tomado el tiempo necesario para explicar mi respuesta, pues lo que quería, por encima de todo, era quitarme el problema cuanto antes. Como era de esperar, mi interlocutor se ha tomado mal mi respuesta. Ha pensado que se trataba de una reprobación por lo que había hecho, y me ha dicho que mi respuesta le ha ofendido. Yo he tardado un poco en darme cuenta de que le había molestado: el hecho de que se hubiera ofendido por la conversación me parecía excesivo. Tenía la impresión de que no había hecho nada malo. En consecuencia, los dos hemos perdido la serenidad. Pero afortunadamente nos hemos pedido perdón y hemos superado el malentendido.

Gracias a este ejemplo concreto podemos ver lo frágil que es la paz. Es posible que esta historia anodina haga reír a más de uno, pues no todos perdemos la calma por las mismas razones.

## Una paz para compartir y el deseo de estar en paz

Entre nuestro deseo de estar tranquilos y esa paz que, de manera bastante natural, existe para ser compartida, no siempre nos ponemos de acuerdo. No siempre se da una coincidencia entre aquellos que necesitan estar en paz, estar tranquilos, y aquellos a los que, por el contrario, les gustaría compartir esa concordia por medio de intercambios, relacionándose unos con otros. Al compartirla, pueden perturbar la tranquilidad de los primeros. Y cuando los primeros quieran compartirla, es posible que los segundos necesiten estar tranquilos. Para favorecer la paz, tal vez conviene aceptar que no todos vamos al mismo ritmo y que, a veces, debemos descentrarnos de nosotros mismos, porque no somos los únicos que buscamos la paz.

Más allá de los cambios de humor y de actitud existen, en función del carácter de cada persona, distintas aspiraciones. Lo explica Víctor Hugo en su definición del matrimonio:

> He aquí cómo se plantea el problema del matrimonio: el marido espera y desea la paz, la calma total y el atardecer; la mujer sueña con las emociones del comienzo, las alegrías del alma, el mes de abril, el amanecer. Uno quiere dormir, la otra se despierta[1].

Aunque esta definición resulte caricaturesca, muestra a la perfección los diferentes deseos y el hecho de que no todos buscamos la paz de la misma manera.

---

[1] V. Hugo, *Faits et croyances* (1840).

## En la expresión de nuestra fe

Acabamos de detenernos en las situaciones en las que existe una aparente contradicción con nuestra búsqueda de paz. Este hecho puede resultar aún más desconcertante cuando esas situaciones afectan a nuestra fe y a nuestra manera de vivirla. Aunque esa paz procede del Señor, nuestra forma de responder a ella reviste numerosas contradicciones.

No todos evolucionamos al mismo ritmo; nuestras maneras de vivir la paz son diferentes: todo eso puede generar tensiones e incomprensiones. La liturgia en concreto, que debería ser una fuente de paz, puede ser una fuente de conflictos si la vivimos de forma diferente.

### *La libertad y la paz*

Jesucristo nos concede la paz pero, como nos deja libres para seguirle, esa libertad engendra una serie de consecuencias. Entre aquellos que se niegan a creer, aquellos que no admiten esa libertad y aquellos que, sin imponer su fe, desean vivirla con tranquilidad, pueden surgir conflictos. Obviamente, Jesucristo no desea esas divisiones, esas tensiones en nosotros mismos, en nuestra familia, en nuestra ciudad, en nuestro Estado, pero sabe que son inevitables:

> No penséis que he venido a traer la paz al mundo; no he venido a traer paz, sino espada. Porque he venido a poner al hijo en contra de su padre, a la hija en contra de su madre, a la nuera en contra de su suegra. De suerte que los enemigos del hombre son los de su propia casa. El que ama a su padre o a su madre más que a mí no es digno de mí, y el que ama a su hijo o a su hija más que a mí no es digno de mí, y el que no carga con su cruz y me sigue no es digno de mí. El que encuentre su vida la perderá, y el que la pierda por mí la encontrará (Mt 10,34-39).

Esa libertad que nos da Jesucristo puede constituir un obstáculo para la armonía. El propio Jesús, en su discurso de despedida incluido en el evangelio de Juan, asocia esa concordia con el sufrimiento que nos espera. Pero nos anima diciendo:

> Os he dicho estas cosas para que tengáis paz en mí. En el mundo tendréis tribulaciones; pero tened ánimo, que yo he vencido al mundo (Jn 16,33).

También constituyen un obstáculo para la paz aquellos que, en nombre de su fe, cometen abusos de todo tipo. Por desgracia, en este aspecto la lista es larga.

## «Peace and love» *y Pax Christi*

La paz no es privativa de un partido político o una tendencia. Se busca por igual en la abadía de Fontgombault, en Taizé o en Woodstock, obviamente no de la misma forma ni por los mismos medios. Ya he subrayado que la paz es para todos, cristianos o laicos, y que nadie puede pretender tener el monopolio sobre ella, igual que algunos no tienen el «monopolio del corazón».

En Woodstock y en otros lugares, con el famoso eslogan *«peace and love»,* existe un auténtico deseo de armonía. Es posible que algunos se sientan agredidos o desconcertados por el estilo y el aspecto *hippy* de aquellos que la proclaman y por su lucha pacifista, especialmente contra las armas nucleares. Su compromiso no es del gusto de todos. Esa mezcla, esa ambigüedad entre política y deseo de serenidad interior no ha favorecido la armonía y responde a la naturaleza paradójica de la paz.

Ese lado paradójico se encuentra también entre los cristianos. *Pax Christi* no es solo un término latino, es un movimiento católico que, como su nombre indica, está comprometido con la paz. A pesar de su adhesión a la paz como ausencia de guerra, que podemos apreciar en las imágenes del movimiento, Pax Christi también se esfuerza en promover la paz en los corazones y en el mundo. También en este caso, este objetivo múltiple no favorece la armonía y prolonga la paradoja. En la novena que organiza con la red social Hozana, Pax Christi nos propone terminar el día con una oración a la Virgen María, madre de la esperanza y de la paz. En esta oración, le pedimos a la Virgen María la paz en todos los «lugares»:

Dígnate acoger favorablemente la oración que te dirigimos para que la paz, fruto de la justicia, de la verdad y de la caridad, se imponga en nuestros corazones, en nuestras familias, en nuestro país y en todos los países[2].

El hecho de que la reivindiquen no implica que ciertos grupos, partidos políticos o ten-

---

[2] Oración a Nuestra Señora, madre de la esperanza y reina de la paz, en la aplicación Hozana. Cf el apartado «Peregrinación con las figuras de la paz», en colaboración con Pax Christi.

dencias posean el único medio de acceder a la paz. Por más que haya sido manifestada y promovida por ciertas corrientes de la Iglesia, eso no implica que estas tengan el monopolio sobre ella.

Esta petición –búsqueda o súplica– de paz se encuentra también en el corazón de la misa, en el canon romano o plegaria eucarística I:

- En la oración por la Iglesia: «Estos dones [...] que te ofrecemos, ante todo por tu santa Iglesia y católica, para que le concedas la paz y la protejas»[3].

- En la oración justo antes de la consagración: «Acepta, Señor, en tu bondad, esta ofrenda de tus siervos [...], ordena en tu paz nuestros días»[4].

- En el memorial de los difuntos: «Acuérdate también, Señor, de tus hijos N. y N., que nos han precedido con el signo de la fe y duermen ya el sueño de la paz. A ellos, Señor, y a cuantos descansan en Cristo, concédeles el lugar del consuelo, de la luz y de la paz»[5].

---

[3] Plegaria eucarística I (canon romano).
[4] *Ib.*
[5] *Ib.*

Más allá de estas corrientes y tendencias, acoger esa quietud, esa paz que procede del Señor nos recuerda que aquello que nos une es más fuerte que lo que nos separa.

## ¿La liturgia, fuente de paz?

Dentro de las paradojas que afectan a nuestra fe, conviene detenerse en la liturgia. Al principio de la misa, sobre todo cuando la preside un obispo, este nos desea directamente la paz a modo de saludo inicial: «La paz esté con vosotros». Al final de la misa, ese deseo lo transmite el diácono o el sacerdote: «Podéis ir en paz». Deseamos, esperamos, compartimos esa paz que es omnipresente en la celebración, tanto en el ordinario de la misa como en numerosas oraciones.

Lo mismo sucede, obviamente, con el gesto de la paz –esa paz que procede de Cristo presente en el altar–, que no siempre se comprende como debiera. Su introducción en la oración que la precede le devuelve su sentido, insistiendo en esa paz que procede de Cristo y que vamos a recibir:

Señor Jesucristo, que dijiste a tus apóstoles: «La paz os dejo, mi paz os doy», no tengas en cuenta nuestros pecados, sino la fe de tu Iglesia y, conforme a tu palabra, concédele la paz y la unidad. Tú que vives y reinas por los siglos de los siglos.

Ese gesto es ya en sí mismo una fuente de tensión entre aquellos que no quieren saltárselo, y que murmuran cuando el sacerdote no lo hace, y aquellos que se niegan a saludar a sus vecinos. Por no hablar de ciertas comunidades, en las que los religiosos van a saludar a toda la iglesia en el momento de la paz.

Pero el gesto de la paz no es la única fuente de tensión. Conviene señalar que la liturgia, que debería ser fuente de paz y lugar de comunión, es demasiado a menudo un lugar de enfrentamiento que entraña tensiones entre aquellos que, debido a su sensibilidad, reprochan al sacerdote no seguir el ritual y aquellos que critican un exceso de formalismo. En estas condiciones, la paz está lejos de ocupar el lugar que le corresponde.

## En contradicción con la paz

En sus aspectos ambivalentes, encontramos también temas que parecen estar en contradicción con ese deseo de serenidad. En concreto, debemos detenernos en estos: la verdad, la lucha, la necesidad de paz y su naturaleza escatológica.

## La verdad y la paz

Para algunas personas, la paz a cualquier precio sería una señal de cobardía. Les resulta imposible no expresar su opinión sobre un tema que les molesta, un acontecimiento que siembra la discordia o una situación complicada.

Todos hemos tenido que enfrentarnos alguna vez a una comida familiar que acaba mal. Un miembro de la familia que no ha sabido callarse, que necesitaba decir la verdad; y la persona aludida que, obviamente, se lo toma a mal y la situación que degenera. Como es lógico, ese enfrentamiento entre verdad y paz no solo se limita al ámbito familiar. Si en el ámbito familiar es ya una fuente de tensión, ¡cuánto más en un círculo más amplio! Entonces, ¿cómo comprender el deseo de concordia a cualquier precio y, al mismo tiempo, la necesidad de decir la verdad? ¿Debemos callarnos la verdad para preservar la paz?

Para Nietzsche, podemos gozar de la paz en la fe siempre que no busquemos la verdad:

El joven Nietzsche invitaba a su hermana Elisabeth a arriesgarse, a «emprender nuevos caminos... con la inseguridad de quien procede autónomamente». Y añadía: «Aquí se dividen los caminos del hombre; si quieres alcanzar paz en el alma y felicidad, cree; pero si quieres ser discípulo de la verdad, indaga». Con lo que creer sería lo contrario de buscar. A partir de aquí, Nietzsche critica al cristianismo por haber rebajado la existencia humana, quitando novedad y aventura a la vida. La fe sería entonces como un espejismo que nos impide avanzar como hombres libres hacia el futuro[6].

Una vez más, los salmos acuden en nuestra ayuda:

El amor y la lealtad se darán cita, la justicia y la paz se abrazarán; la tierra producirá lealtad y la justicia mirará desde los cielos (Sal 85,11-12).

La verdad no suprime el amor: todo lo que se debe hacer se puede hacer siempre con bondad. En su diálogo con la samaritana, Jesús la lleva a hacer el bien con dulzura, sin atacarla:

---

[6] PAPA FRANCISCO, *Lumen fidei* 2.

La mujer contestó: «No tengo marido». Jesús le dijo: «Muy bien has dicho que no tienes marido. Porque has tenido cinco maridos, y el que ahora tienes no es marido tuyo. En esto has dicho la verdad». La mujer le dijo: «Señor, veo que tú eres profeta» (Jn 4,17-19).

La verdad no suprime la justicia. La tranquilidad a cualquier precio no quiere decir vivir en la falsedad, en la mentira. Sería el colmo que, para vivir en paz, que es uno de los frutos del Espíritu, hubiera que vivir de los frutos de la carne. Tiene que haber una forma de aprender a decir las cosas y de aprender a callárselas sin mentir.

En su encíclica sobre la fe *Lumen fidei,* el papa Francisco subraya la conexión necesaria entre la verdad y el amor:

Si el amor necesita la verdad, también la verdad tiene necesidad del amor. Amor y verdad no se pueden separar. Sin amor, la verdad se vuelve fría, impersonal, opresiva para la vida concreta de la persona. La verdad que buscamos, la que da sentido a nuestros pasos, nos ilumina cuando el amor nos toca. Quien ama comprende que el amor es experiencia de verdad, que él mismo abre nuestros ojos para ver toda la realidad de modo nuevo, en unión con la persona amada. En este sentido, san Gregorio Magno ha escrito que *«amor ipse notitia est»,* el amor mismo es un conocimiento, lleva consigo una lógica nueva. Se trata de un modo relacional de ver el mundo, que se convierte en conocimiento compartido, visión en la visión de otro o visión común de todas las cosas. Guillermo de Saint Thierry, en la Edad media, sigue esta tradición cuando comenta el versículo del Cantar de los cantares en el que el amado le dice a la amada: «Palomas son tus ojos» (Cant 1,15). Estos dos ojos, explica Guillermo, son la razón creyente y el amor, que se hacen uno solo para llegar a contemplar a Dios, cuando el entendimiento se hace «entendimiento de un amor iluminado»[7].

Ese camino de contemplación por medio del amor y la verdad no puede hacerse sin la paz. Unos párrafos más adelante, en la misma encíclica, el Papa evoca esa conexión entre el amor y la paz:

Precisamente por su conexión con el amor (cf Gál 5,6), la luz de la fe se pone al servicio concreto de la justicia, del derecho y de la paz. La fe nace del encuentro con el amor originario

---

[7] *Ib,* 27.

de Dios, en el que se manifiestan el sentido y la bondad de nuestra vida[8].

A veces conviene, sin caer en la cobardía o la mentira, aprender a callarse para no agravar la situación. De lo contrario acabaremos envueltos en discusiones interminables. Con humildad, como santa Teresita, en ocasiones es bueno aprender a callarse:

> Yo, que pensaba todo lo contrario, sentía unas ganas enormes de defenderme. Afortunadamente, me vino una idea luminosa: pensé en mi interior que, si empezaba a justificarme, no iba a poder conservar la paz en mi alma; sabía también que no tenía la suficiente virtud como para dejarme acusar sin decir nada. Así que mi única tabla de salvación era la huida. Pensado y hecho: me fui sin decir ni mu, dejando que la hermana continuase su discurso, que se parecía a las imprecaciones de Camila contra Roma. Me latía tan fuerte el corazón, que no pude ir muy lejos, y me senté en la escalera para disfrutar en paz los frutos de mi victoria. Aquello no era valentía, ¿verdad, madre querida? Pero creo que, cuando la derrota es segura, vale más no exponerse al combate[9].

---

[8] *Ib*, 51.
[9] TERESA DEL NIÑO JESÚS, *Historia de un alma*, Manuscrito C, f. 15 r.º.

## *La lucha y la paz*

San Pablo nos invita a prepararnos para la lucha. Una vez más nos encontramos ante una paradoja: ¿cómo librar esa lucha y buscar la paz?

En definitiva, cobrad fuerzas en el poder soberano del Señor. Revestíos de la armadura de Dios para que podáis resistir las tentaciones del diablo. Porque nuestra lucha no es contra gente de carne y hueso, sino contra los principados y potestades, contra los dominadores de este mundo tenebroso, contra los espíritus del mal, que moran en los espacios celestes. Por esto, recibid la armadura de Dios, para que podáis resistir en el día malo y ser perfectos en todo. Manteneos firmes, ceñidos vuestros lomos con la verdad, revestidos con la coraza de la justicia y teniendo calzados los pies, prontos para anunciar el Evangelio de la paz. Empuñad en todas las ocasiones el escudo de la fe, con el cual podáis inutilizar los dardos encendidos del Maligno. Tomad también el yelmo de la salud y la espada del Espíritu, que es la palabra de Dios, orando sin cesar bajo la guía del Espíritu con toda clase de oraciones y súplicas; estad alerta y pedid constantemente por todos los creyentes (Ef 6,11-18).

San Pablo no es el único que utiliza el tema de la lucha. Santa Teresita, con un lenguaje poético, habla también de una lucha con las armas en la mano:

Vestí las armas del Omnipotente,
y su mano divina me adornó.
Nada me hará temer en adelante,
*¿quién podrá separarme de su amor?*
A su lado, lanzándome al combate,
ya ni al fuego ni al hierro temeré.
Sabrán mis enemigos que soy reina,
que esposa soy de un Dios.
Guardaré la armadura que me ciño,
Jesús, ante tus ojos adorados,
y hasta la última tarde del destierro
serán mis votos mi mejor adorno [...].
Si tengo del Guerrero
las poderosas armas
y le imito luchando bravamente,
quiero también como graciosa virgen
cantar mientras combato.
Tú haces vibrar las cuerdas de tu lira,
*¡y es tu lira, Jesús, mi corazón!*
Por eso, cantar puedo
la fuerza y la dulzura
de tus misericordias.
Sonriendo, yo afronto la metralla,

y en tus brazos, cantando,
¡oh –*divino Esposo*–, mi divino Esposo!,
moriré sobre el campo de batalla,
*¡con las armas en la mano!*[10].

En esta metáfora en lenguaje bélico, podemos encontrar todo un campo léxico relacionado con la guerra. En esa paz con nosotros mismos y con nuestro entorno existe también, en cierto modo, una lucha para conservarla, para permanecer en ella. Es lo que subraya François de Malherbe: «Solo la guerra me permite encontrar la paz».

## ¿Es la paz necesaria?

Puede resultar sorprendente preguntarse si la paz es necesaria después de todo lo que he dicho, pero hay momentos en que la paz no solo es necesaria sino urgente, momentos en que no hay elección. Es lo que subraya Rudyard Kipling en *El libro de la selva:* «¡Orden! –carraspeó Hati, el elefante salvaje–. La tregua se mantiene, Bagheera. Este no es el momento de ponerse a hablar de caza». Cuando Hati, el viejo elefante, declara la tregua del agua, existe una verdadera urgencia, una auténtica necesidad:

---

[10] Id, *Mis armas,* poema 48, 25 de marzo de 1897.

Todo empezó un invierno en que apenas había llovido. Centímetro a centímetro, el calor, implacable, se fue abriendo camino hasta el corazón de la selva, volviéndolo todo primero amarillo, después marrón y por último negro. El sol estaba matando la selva. El calor persistió y absorbió toda la humedad hasta que el cauce principal del Waingunga era el único que llevaba algo de agua, apenas un reguero, entre sus orillas muertas. Y cuando Hati, el elefante, que ha vivido más de cien años, vio asomar en el centro del río una piedra larga y azulada, supo que aquella era la Roca de la Paz, y al momento levantó la trompa y proclamó la tregua del agua[11].

La aparición de la Roca de la Paz forma parte de las señales que indican que es urgente cambiar de hábitos. La Roca puede recordarnos a la estatua del Zuavo en el puente del Alma de París: cuando el agua le llega a los pies, es que la situación es crítica. Con o sin señales, hay momentos en que, por lo que sea, no hay elección: hemos perdido demasiado tiempo y la paz se hace urgente.

Esa paz más o menos impuesta, aunque necesaria, no será bien recibida por todos. De

---

[11] R. KIPLING, «De cómo llegó el miedo», en *El segundo libro de la selva*, 1894 [trad. de Catalina Martínez Muñoz. El fragmento que recoge el autor es una versión abreviada].

la misma manera que no se nos puede obligar a vivir en armonía, no se puede elegir la paz por nosotros. Hay acuerdos que no son fáciles de aceptar. Es lo que les ocurrió a los alemanes después de la I Guerra mundial, en 1918: el alto al fuego era necesario, pero las condiciones –que ellos llamaron «*Diktat* [dictamen] de Versalles»–, demasiado exigentes y humillantes para ellos, no favorecieron el armisticio.

## Morir en paz

Nos hallamos ante una nueva paradoja: ¿cómo morir en paz? Gracias a la fe, tenemos la esperanza de reunirnos con Cristo. Pero a pesar de esa fe y esa esperanza, la serenidad antes de morir está lejos de ser fácil. Aunque la gente no tenga pensamientos suicidas, ya no se habla del deseo del cielo. Y está muy bien buscar la felicidad y la paz aquí en la tierra, pero eso no debe impedirnos, como ciudadanos del cielo, tener ese deseo del cielo fruto del tercer misterio glorioso: la Ascensión.

Ese deseo de ver a Dios, que nos colmará en todo, puede ayudarnos en esa aspiración al cielo, donde le veremos cara a cara. Por el momento solo podemos verlo con los ojos de la fe: «Quiero ver a Dios, verlo con mis propios ojos. Alegría inagotable de los bienaventurados, quiero ver a Dios», dice un cántico. El anciano Simeón es un hermoso ejemplo de disponibilidad: después de haber reconocido en Jesús al Mesías tan esperado, está dispuesto a morir en paz.

Morir en paz es también lo que Maximilien Morrel –hijo del armador del mismo nombre en *El conde de Montecristo*– desea que haga su padre, después de que ambos, hombres justos y honrados, sufran una serie de desventuras:

—Está bien –dijo, tendiéndole la mano a Morrel–, morid en paz, padre mío, yo viviré.

Morrel hizo un amago de postrarse de rodillas delante de su hijo. Maximilien le atrajo hacia sí y aquellos dos nobles corazones latieron por un instante uno contra el otro[12].

San Martín de Tours no solo está dispuesto a morir en paz, sino que, antes de fallecer, aún desea establecer la paz entre sus hermanos:

Martín conoció con mucha antelación su muerte y anunció a sus hermanos la proximidad de la disolución de su cuerpo. Entretanto, por una

---

[12] A. Dumas, *El conde de Montecristo,* Navona, Barcelona 2021[2], 298-299.

determinada circunstancia, tuvo que visitar la diócesis de Candes. Existía en aquella Iglesia una desavenencia entre los clérigos y, deseando él poner paz entre ellos, aunque sabía que se acercaba su fin, no dudó en ponerse en camino, movido por este deseo, pensando que si lograba pacificar la Iglesia sería este un buen colofón a su vida[13].

San Martín se muestra disponible hasta el final, tanto si muere como si sigue viviendo:

Vuelto al Señor, dijo tan solo estas palabras en respuesta al llanto de sus hermanos: «Señor, si aún soy necesario a tu pueblo, no rehúyo el trabajo; hágase tu voluntad»[14].

Cuando se trata de grandes santos como san Martín, es lógico que, animados por su fe, estén más preparados para morir con serenidad. Pero, afortunadamente, los santos no son los únicos que tienen el privilegio de morir así. Una fe viva, llena de esperanza, sin duda contribuye a ello. Pero eso no impide que haya situaciones en que, sin hablar de fe, reine una hermosa serenidad. Es

---

[13] Sulpicio Severo, *Carta a su madre sobre la muerte de san Martín*, citado en *Liturgie des Heures* 4, Cerf-Desclée de Brouwer-Mame, París 1980, 1127.
[14] *Ib.*

lo que experimentó Antoine de Saint-Exupéry con su compañero de vuelo en el desierto:

> ¡Bien! Acepto dormirme, dormirme durante una noche o durante siglos. No veo la diferencia, si me duermo. Y además, ¡qué paz![15].

Esa paz no es solo deseable en el momento de morir: también rezamos para que nuestros difuntos reposen en el descanso eterno. Es lo que significa el famoso RIP o *«requiescant in pace»,* «que descansen en paz». Nuestras oraciones, especialmente en misa, ayudan a nuestros difuntos a acoger la paz eterna que nos dejó Jesucristo. Y cuando no estamos en misa también rezamos por ellos. La misa es la oración por excelencia por nuestros difuntos.

## *Una paz escatológica: el «ya pero todavía no»*

En teología hablamos del «ya pero todavía no» para referirnos al advenimiento del reino o del reinado de Cristo. El Reino ha sido inaugurado por Cristo. Ya está aquí, porque ha comenzado realmente, de verdad:

---

[15] A. DE SAINT-EXUPÉRY, *Terres des hommes,* Folio Gallimard, París 1939, 130.

También les dijo: «El reino de Dios es como un hombre que echa una semilla en la tierra. Lo mismo si está dormido como si está despierto, si es de noche como si es de día, la semilla, sin que él sepa cómo, germina y crece. La tierra por sí misma da el fruto: primero la hierba, luego la espiga, después el grano gordo en la espiga. Y cuando el fruto está maduro, el hombre echa la hoz porque es el tiempo de la cosecha». También les dijo: «¿Con qué compararemos el reino de Dios o con qué parábola lo explicaremos? Es como un grano de mostaza que, cuando se siembra, es la más pequeña de las semillas de la tierra; pero, una vez sembrada, crece y se hace la más grande entre todas las hortalizas, y echa ramas tan grandes que las aves pueden anidar a su sombra». Con muchas parábolas por el estilo les exponía la doctrina según ellos podían comprenderla, y no les hablaba sin parábolas; a sus discípulos se las explicaba a solas (Mc 4,26-33).

Sin embargo, el Reino aún no es plenamente visible. En el prefacio a la solemnidad de Jesucristo, Rey del Universo, se habla de ese Reino sin límites que será inaugurado:

Así sometió a su poder a la creación entera, para entregarte, Padre santo, el Reino eterno y universal, reino de verdad y de vida, reino de santidad y de gracia, reino de justicia, de amor y de paz.

Al igual que su Reino, la paz que Jesucristo nos dejó ya está aquí. Ya podemos saborearla, experimentarla, y al mismo tiempo aún no la hemos adquirido plenamente: aún es frágil, limitada; solo podremos disfrutarla cuando el Reino sea plenamente efectivo. De hecho, la paz es uno de los atributos de ese Reino:

> El Señor gobierna como rey eterno. El Señor da a su pueblo fortaleza, el Señor bendice a su pueblo con la paz (Sal 29,10-11).

Esa concordia, que puede parecer ilusoria en la tierra, será plenamente visible cuando se manifieste el reino de Dios. Es lo que describe el profeta Isaías, con un estilo que recuerda a las *Fábulas* de La Fontaine, en su visión del Reino[16].

En cierto modo, la bienaventuranza de la paz también se expresa siguiendo la lógica del «ya pero todavía no». A los que trabajan por la paz, Cristo los llama «hijos de Dios». Gracias al Bautismo nos hacemos hijos de Dios, y cuando

---

[16] Cf p. 34 de este mismo capítulo.

trabajamos por la paz, nos convertimos verdaderamente en hijos de Dios. Una vez más, todo esto será plenamente visible cuando se manifieste el reino de Dios. Además, la bienaventuranza se expresa en futuro: «Serán llamados hijos de Dios» (Mt 5,9).

# CAPÍTULO 3

# Los obstáculos para la paz

No solo la paz es paradójica, sino que hay numerosos obstáculos para conseguir esa armonía. Y los hay porque la tranquilidad que nos aporta es muy frágil: cualquier cosa puede perturbarla. Esa conciencia de la fragilidad de la paz puede ayudarnos a mantenernos en guardia para preservarla. El objetivo es ver qué podemos hacer para conservar la tranquilidad. «Me ha quitado la paz del alma, ya no sé qué es la dicha» (Lam 3,17).

Estando anclados en Dios, buscando responder a la llamada a la santidad, sean cuales sean los obstáculos, podremos permanecer en la paz:

La primera de estas grandes notas es estar centrado, firme en torno a Dios que ama y que sostiene. Desde esa firmeza interior es posible aguantar, soportar las contrariedades, los vaivenes de la vida, y también las agresiones de los demás, sus infidelidades y defectos: «Si Dios está con nosotros, ¿quién estará contra nosotros?» (Rom 8,31). Esto es fuente de la paz que se expresa en las actitudes de un santo[1].

## En la vida cotidiana

Numerosos detalles de nuestra vida cotidiana pueden parecer insignificantes, pero cuando se presentan, no siempre estamos preparados. Atascos después de un día difícil, niños que lloran en el momento de la consagración, ruidos cuando queremos dormir, una persona inoportuna... La lista podría prolongarse. Dependiendo del estado de ánimo y de lo cansados que estemos, no seremos susceptibles a lo mismo. Estas molestias de la vida cotidiana no siempre nos afectarán de la misma manera: un día nos resultarán indiferentes; al día siguiente, el menor ruido nos parecerá insoportable; a los dos días habremos recobrado la calma y, por sorprendente que parezca, esos ruidos, esas contrariedades ya no nos molestarán, ya no nos afectarán. Entre esos días no tiene por qué haber pasado nada importante.

---

[1] Papa Francisco, *Gaudete et exsultate* 112.

No podemos abstraernos: sería utópico querer retirarse a un mundo sin contrariedades, a no ser que tengamos vocación de eremitas, pero ese es otro tema. Si todo nos impide estar en paz, es posible que el problema no esté en los demás, sino que sea nuestro interior lo que debamos trabajar para recuperar esa armonía.

Más allá de las molestias que podrían hacer sonreír a más de uno, hay muchas «situaciones» que nos impiden estar en paz: el miedo, la ira, el estrés, la presión, las tensiones, los conflictos... Todo eso supone un obstáculo para nuestra serenidad. Puede tratarse de conflictos familiares, problemas de salud, presiones en el trabajo... No siempre es fácil recobrar la calma en ciertas situaciones. Pero a pesar de las dificultades, el Espíritu Santo siempre puede ayudarnos a avanzar y a recuperar la paz por medio de sus dones: sabiduría, temor de Dios, piedad, fortaleza, consejo, inteligencia y conocimiento.

San Francisco de Sales, famoso por su dulzura, solía rezar esta oración para no sucumbir a la ira:

Con tu ayuda, Señor,
quiero ejercitarme en la dulzura
a través de los encuentros y
contratiempos diarios.

Tan pronto como me dé cuenta de que
la ira se enciende en mí,
reuniré mis fuerzas —no violentamente,
sino con dulzura—
y buscaré restablecer mi corazón en la paz.
Sabiendo que no puedo hacer nada solo,
me ocuparé de invocarte para que me ayudes.
Enséñame a ser dulce con todos,
incluso con quienes me ofenden o
se oponen a mí,
e incluso conmigo mismo,
para que no me derrumbe por mis defectos.
Cuando caiga a pesar de mis esfuerzos,
me levantaré dulcemente y diré:
«Vamos, pobre corazón mío, levantémonos
y dejemos para siempre este hoyo,
recurramos a la misericordia de Dios,
que nos ayudará». Amén[2].

## Las críticas y los comentarios

Entre los obstáculos para la paz, es fácil identificar el daño que causan las críticas y los comentarios. Frente a ello, Guy de Larigaudie nos invita a sonreír para conservar la calma:

---

[2] FRANCISCO DE SALES, *Con tu ayuda, Señor, quiero ejercitarme en la dulzura,* en aleteia.org.

Alguien te hace un comentario al pasar. Tú tienes prisa y pasas de largo, pero sonríes, sonríes con ganas. Si tu sonrisa es alegre y sincera, el otro también sonreirá y el incidente acabará en paz. Pruébalo[3].

No se trata de sonreír como un tonto sino, como sugiere Larigaudie, de aprender a superar las críticas.

Guy de Larigaudie prosigue con sus consejos: cuando es necesario decir algo, las formas son muy importantes para no ofender a nuestro interlocutor:

Quieres hacerle una crítica a un compañero, crítica que consideras necesaria. Sabemos que a todo el mundo le cuesta aceptar las críticas y los consejos. Pero tú sonríe: compensa la dureza de tus palabras con el afecto de tu mirada, la sonrisa de tus labios y tu rostro alegre. Tu crítica será más efectiva, porque no habrá herido a nadie[4].

De la misma manera que podemos decidir estar alegres, podemos elegir hacer todo lo posible para estar en paz, a pesar de las contrariedades. Siguiendo el consejo de Guy de Larigaudie, en

---

[3] G. DE LARIGAUDIE, *Étoile au grand Large,* Seuil, París 1943, 15 (trad. esp.: *Estrella en la inmensidad,* Asmac, México 1967).
[4] *Ib.*

la oración para los *scouts* del padre Doncœur le pedimos al Señor que nos ayude a avanzar, «a pesar del cansancio y las dificultades, por el camino que nos lleva directos a la casa del Padre»[5].

Aceptar las oposiciones y las críticas nunca es agradable. Nos cuesta sonreír y superar las objeciones de los demás. Sin embargo, eso es precisamente lo que dice Jesucristo cuando nos anima a amar a los enemigos:

Yo os digo a vosotros que me escucháis: Amad a vuestros enemigos; haced el bien a los que os odian; bendecid a los que os maldicen; orad por los que os calumnian. Al que te abofetea en una mejilla, ofrécele también la otra; a quien te quita el manto, dale también la túnica. Da a quien te pida, y no reclames a quien te roba lo tuyo. Tratad a los hombres como queréis que ellos os traten a vosotros. Si amáis a los que os aman, ¿qué mérito tendréis? También los pecadores aman a quienes los aman (Lc 6,27-32).

Los primeros cristianos supieron vivir plenamente esta invitación. Su actitud suscitaba la perplejidad en su entorno. Es lo que subraya la *Carta a Diogneto*:

---

[5] P. Doncœur, *Oración para los scouts*.

Aman a todos, y todos los persiguen. Se los condena sin conocerlos. Se les da muerte, y con ello reciben la vida. Son pobres, y enriquecen a muchos; carecen de todo, y abundan en todo. Sufren la deshonra, y ello les sirve de gloria; sufren detrimento en su fama, y ello atestigua su justicia. Son maldecidos, y bendicen; son tratados con ignominia, y ellos, a cambio, devuelven honor. Hacen el bien, y son castigados como malhechores; y, al ser castigados a muerte, se alegran como si se les diera la vida. Los judíos los combaten como a extraños y los gentiles los persiguen y, sin embargo, los mismos que los aborrecen no saben explicar el motivo de su enemistad[6].

Esta actitud no siempre es fácil. El sabio Ben Sirá recomienda evitar a ciertas personas para estar en paz:

No hables demasiado con el necio ni vayas con el insensato; guárdate de él para no tener disgustos y no mancharte con su contacto. Apártate de él y vivirás tranquilo, y no tendrás que sufrir por su necedad (Si 22,13).

---

[6] *Carta a Diogneto,* siglo I.

No todos estamos en primera línea para defender la paz como ausencia de guerra pero, con nuestra actitud, todos tenemos un papel que desempeñar. El papa Francisco nos pone firmemente en guardia contra las habladurías. Como señala el Pontífice, muchas veces nos apresuramos demasiado a repetir cosas que no son necesarias:

> Para nosotros es muy común ser agentes de enfrentamientos o al menos de malentendidos. Por ejemplo, cuando escucho algo de alguien y voy a otro y se lo digo; e incluso hago una segunda versión un poco más amplia y la difundo. Y si logro hacer más daño, parece que me provoca mayor satisfacción. El mundo de las habladurías, hecho por gente que se dedica a criticar y a destruir, no construye la paz. Esa gente más bien es enemiga de la paz y de ningún modo bienaventurada[7].

Antes de dejarnos llevar por las habladurías, ¿por qué no retomar para construir la paz, como nos invita a hacer el Papa, los tres criterios de Sócrates: lo que es bueno, lo que es verdadero y lo que es útil?

---

[7] Papa Francisco, *Gaudete et exsultate* 87.

## Sobre la pérdida de tiempo

Es muy fácil identificar las actitudes de los otros como obstáculos para la paz, y sería muy cómodo limitarnos a acusar a los demás de perturbar nuestra tranquilidad cuando, muchas veces, somos nosotros los responsables. Sobre todo de perder el tiempo.

Muchas veces, con el pretexto de que necesitamos descansar, podemos caer en la tentación de no hacer nada. Así, al final de un día «perdido», es muy fácil sentirse intranquilo, culpable –aunque uno no haya hecho nada malo– y desanimado. Sin embargo, es más que aconsejable descansar cuando uno lo necesita. Sobre ese tema aconsejo el libro *Elogio espiritual del descanso,* del padre Maximilien Le Fébure du Bus[8].

## Las adicciones

También somos responsables –aunque podamos encontrarles más de una justificación– de las adicciones. Las adicciones no solo nos hacen perder el tiempo, sino que nos llevan a hacer cosas de las que después nos arrepentimos.

---

[8] M. Le Fébure du Bus, *Elogio espiritual del descanso,* Ediciones Cristiandad, Madrid 2022.

Aunque no siempre es fácil, merece la pena hacer un esfuerzo para superar esas adicciones y ser libre. Jesucristo nos ayuda a liberarnos, pero para eso debemos reconocernos esclavos:

> Jesús dijo a los judíos que habían creído en él: «Si os mantenéis firmes en mi doctrina, sois de veras discípulos míos, conoceréis la verdad y la verdad os hará libres». Ellos le dijeron: «Somos descendientes de Abrahán y jamás hemos servido a nadie. ¿Cómo dices tú: Seréis libres?». Jesús les respondió: «Os aseguro que quien comete pecado es un esclavo. Y el esclavo no vive en la casa para siempre, el hijo sí. Por tanto, si el hijo os libera, seréis de veras libres» (Jn 8,31-36).

En esas luchas, sean las que sean, no estamos solos: hay santos que también han luchado para salir de esa espiral. El beato Matthew Talbot era un irlandés que nació en Dublín en 1856. Trabajaba descargando cajas en una fábrica de whisky y, como consecuencia, cayó profundamente en el alcoholismo. Hasta que:

> Un día renunció al alcohol para el resto de su vida. Se mantuvo sobrio durante cuarenta años hasta su muerte. Fue en la oración y en la misa diaria donde encontró la fuerza para resistir. Por-

que todos tenemos en nuestro interior los recursos necesarios para liberarnos de nuestras cadenas: muchas veces, lo que nos falta es el detonante, la motivación, esa sacudida vital que nos da, cuando tocamos fondo, la energía salvadora para regresar a la superficie[9].

Obviamente, este ejemplo de superación del alcoholismo puede aplicarse a numerosas adicciones. De hecho, existe una oración al padre Alfred Pampalon[10] para superar las dependencias:

Querido padre Alfred: a ti dirijo mis oraciones, a ti clama mi sufrimiento.

Acude en mi ayuda, hazme los favores que te pido. Eres el patrón de las personas que sufren en cuerpo, corazón y alma. Cuidas especialmente a los alcohólicos y drogadictos, eres su venerado protector.

Has liberado a mucha gente de la adicción a las drogas y a la bebida. ¡Líbrame a mí también de este mal, te lo suplico! Y libera a las personas por las que te pido, especialmente a los miembros de mi familia.

---

[9] O. Haumonté, *Vivre aujourd'hui avec les saints,* Salvator, París 2022, 155-156.

[10] Sacerdote redentorista canadiense, declarado venerable por san Juan Pablo II el 14 de mayo de 1991 (N. de la T.).

Acudo a ti con confianza. Te rezo por mí y por mis seres queridos.

Que tu ayuda se extienda a toda la Iglesia y al mundo entero. Amén[11].

No siempre tenemos conciencia de ser más o menos esclavos de ciertas adicciones, pero a veces conviene tomar medidas para preservar nuestra libertad, aunque eso implique privarnos de un placer físico o intelectual. Durante el Adviento y la Cuaresma, la Iglesia insiste en ese tema para ayudarnos a ser libres. Hay muchas cosas que conviene controlar: las redes sociales, la televisión, el juego, ciertas lecturas, el alcohol, el tabaco, el exceso de deporte, el picoteo a deshoras, las compras compulsivas... Estos tiempos litúrgicos concretos están ahí para ayudarnos.

No siempre es fácil librarse de una adicción. En algunos casos, para superarla hay que recurrir a métodos drásticos: «A esa raza solo se la puede expulsar con la oración y el ayuno» (Mc 9,29), dice Jesús frente a la dificultad de expulsar a ciertos demonios.

---

[11] Oración al padre Alfred Pampalon, citada en O. HAUMONTÉ, *Vivre aujourd'hui con los santos*, Salvator, París 2022.

## Las desgracias

Las desgracias pueden ser un obstáculo para la paz. Cuando nos sucede una desgracia y, a pesar de nuestras oraciones, no obtenemos respuesta, tenemos la impresión de que nadie nos escucha. En situaciones así, sobran las palabras.

En los casos difíciles, puede resultar insoportable escuchar que Cristo sufre con nosotros. Y, sin embargo, es así: Cristo, literalmente, se «compadece», es decir, «sufre con» nosotros, sufre realmente a nuestro lado. Podemos tardar un tiempo en aceptar ese sufrimiento, y quizá aún más en experimentarlo con Cristo. El famoso relato *Pasos en la arena,* de Ademar de Barros, puede ayudarnos a comprenderlo:

Una noche tuve un sueño. Soñé que caminaba por una playa en compañía del Señor. En la arena aparecieron, una tras otra, todas las escenas de mi vida. Yo contemplé cada escena y vi unas huellas de pies: unas era las mías y las otras las del Señor.

Seguimos caminando hasta que todos los días de mi vida hubieron desfilado ante mí. Entonces me detuve y eché la vista atrás. Me di cuenta de que en ciertas partes solo había un par de huellas, que se correspondían exactamente con los días más difíciles de mi vida, los días de profunda angustia, miedo y dolor. Apenado, le dije al Señor:

—Señor, me dijiste que estarías conmigo todos los días de mi vida, y yo acepté vivir contigo. Pero veo que en los peores momentos solo había un par de huellas. No logro comprender que me hayas dejado solo en los momentos en que más te necesitaba.

El Señor respondió:

—Hijo mío, te amo profundamente y jamás te abandonaría, ni siquiera un minuto. En los momentos difíciles solo hay un par de huellas porque te llevaba en brazos[12].

Como el protagonista del relato, podemos tener la impresión de estar solos, de haber sido abandonados al sufrimiento y las dificultades. En ese caso, podemos empezar dirigiendo nuestros reproches al Señor: en sí, eso constituye una oración. Después de la muerte de su hermano Lázaro, Marta y María también empiezan haciendo reproches a Jesús: «Marta dijo a Jesús: "Señor, si hubieras estado aquí, no habría muerto mi hermano"» (Jn 11,21). «Cuando María llegó donde estaba Jesús, al verlo, se echó a sus pies, diciendo: "Señor, si hubieras estado aquí, mi hermano no habría muerto"» (Jn 11,32).

---

[12] A. DE BARROS, *Pasos en la arena.*

Pero después de los reproches, las hermanas no se comportan de la misma manera. María parece aferrarse a la discusión, mientras que Marta hace una confesión de fe: «Pero yo sé que Dios te concederá todo lo que le pidas» (Jn 11,22). La actitud de Marta puede ayudarnos: después de expresar sus quejas a Jesús, supera el sufrimiento profesando su fe. Podemos encontrar una evolución idéntica en el proceso de duelo. Pero esa transformación no solo está reservada a los duelos, sino que puede vivirse en distintas situaciones. Según los diferentes autores puede consistir en más o menos etapas, pero el proceso siempre es el mismo: negación, ira, tristeza, aceptación y serenidad. Esa evolución, que puede llevarnos más o menos tiempo, nos permitirá recuperar la paz.

## ¿Es la paz ilusoria?

Para Jean de La Fontaine, hay momentos en que la paz es ilusoria. En su fábula *Los lobos y los corderos,* la tregua que se describe al principio no es viable. Así, en un primer momento y hasta el décimo verso, el lector asiste a una paz que podríamos calificar de ilusoria, una especie de acuerdo ingenuo entre los lobos y los corderos:

Después de más de mil años
de una declarada guerra,
hicieron las paces los lobos con los corderos,
porque era ventajosa, aparentemente,
para ambas especies[13].

A los lobos les gustaría devorar a los corderos tranquilamente, mientras que los últimos aspiran a la seguridad. La paz parece ser la mejor solución para ambos. Desde el principio comprendemos que el cese de hostilidades entre lobos y corderos no es realista. Porque los lobos «hacen entrega» de sus cachorros sabiendo muy bien el peligro en que estos van a convertirse. A cambio, los corderos les presentan sus mastines, símbolo de la protección. En algunos casos, la naturaleza ilusoria de la paz no anima a comprometerse con ella, ni siquiera a buscarla.

Es en la segunda y última parte cuando el lector comprende la moraleja de esta fábula: existen contradicciones en el hecho de querer «parecer iguales». Porque, por naturaleza, los mastines matan a los lobos que, a su vez, matan a los corderos.

---

[13] J. DE LA FONTAINE, *Fábulas morales escogidas* 1, Imprenta Real, Madrid 1787, 121, trad. ligeramente modificada (N. de la T.).

La paz en sí misma es buena,
no hay duda: ¿mas de qué sirve
cuando se acuerda
con pérfidos enemigos?[14].

Esta moraleja se presenta como una constante, y demuestra que la razón del más fuerte siempre acaba imponiéndose. La manera en que la fábula está escrita lleva al lector a identificarse con el débil —el cordero— más que con el fuerte —el lobo, un animal cruel—.

Es una manera de decir que los argumentos que se imponen no siempre son los mejores, sino los más fuertes. Por desgracia, lo que La Fontaine denunciaba en su época con esta fábula no ha cambiado mucho: siempre son los más fuertes los que dictan sus leyes. En ese sentido, estamos muy lejos de la lógica evangélica que nos presenta Jesucristo:

Sabéis que se dijo: Ojo por ojo y diente por diente. Pero yo os digo que no hagáis frente al que os ataca. Al contrario, al que te abofetee en la mejilla derecha, preséntale también la otra; y al que te quiera llevar a juicio para quitarte la túnica, déjale también el manto; al que te obligue a ir

---

[14] *Ib*, 123-124.

con él un kilómetro, vete con él dos. Da a quien te pida, y no vuelvas la espalda al que desea que le prestes algo. Sabéis que se dijo: Amarás a tu prójimo y odiarás a tu enemigo. Pero yo os digo: Amad a vuestros enemigos y rezad por los que os persiguen (Mt 5,38-44).

La paz, sin embargo, no solo está reservada a los débiles. Vivir el Evangelio amando a los enemigos y presentar la otra mejilla está lejos de ser fácil. Ante nuestros «enemigos» nos cuesta presentar la otra mejilla. Siempre podemos empezar por no responder, lo cual no es necesariamente un acto de cobardía. Una escalada de violencia nunca es buena ni deseable. No tener una actitud combativa ante la agresividad, aunque no siempre sea fácil, sin duda nos ayudará a conservar la serenidad interior.

Esta armonía ilusoria se encuentra también en otra fábula de La Fontaine, *El gallo y el zorro:*

> Amigo mío –contestó el gallo–:
> no pudieras traerme nueva mejor
> que la de estas paces;
> y aun me complacen más,
> por ser tú el mensajero[15].

---

[15] Id, *El gallo y el zorro,* en *Fables choisies* 2, 1668, fábula 15.

Al principio de la fábula, el gallo finge alegrarse de la paz con el zorro; pero enseguida intenta engañarle:

> Pero, además, descubro dos lebreles,
> que van, cual tú, la nueva publicando [...].
> Voy a bajar, para que prontamente
> nos abracemos todos mutuamente [...].
> Y quedó riendo el gallo marrullero,
> que es gran gusto engañar a un embustero[16].

Está bien ser astuto, pero hay que tener cuidado de no llevar el engaño demasiado lejos, no sea que este se vuelva en nuestra contra. Es lo que aprende uno de los personajes de esta fábula: el zorro. ¿Cómo se puede pretender llegar a un acuerdo, alcanzar la concordia, y al mismo tiempo querer engañar a los demás? No se puede jugar a dos bandas. ¿Cómo podemos tener intenciones pacíficas cuando estamos faltando a la verdad?

**La paz hay que construirla**

Al igual que en la bienaventuranza, donde se habla de trabajar por la paz, la paz hay que cons-

---

[16] ID, *Fábulas morales escogidas* 1, *o.c.*, 86-87.

truirla. Al final de la novena por la paz propuesta por la aplicación Hozana y el movimiento Pax Christi («Nueve días por la paz»), se nos invita a emprender acciones concretas a favor de la paz. La concordia nunca se alcanza del todo: siempre hay que fomentarla, mantenerla y renovarla. Todo esto puede resultar desalentador y, para algunos, constituir un obstáculo para la serenidad. El hecho de que la paz nunca se alcance de manera definitiva en la tierra puede desmotivar a más de uno.

Numerosas personalidades subrayan la dificultad para alcanzar la paz y la falta de medios para mantenerla. Clemenceau insistía en que la paz hay que mantenerla: «Hemos ganado la guerra, y no sin dificultades, pero ahora será necesario ganar la paz, y eso puede que sea más difícil»[17]. Nietzsche señala que algunas personas siempre están dispuestas a hacer la guerra: «En situaciones de paz el hombre belicoso se abalanza sobre sí mimo»[18]. El general De Gaulle, por su parte, constata la dificultad de llegar a un acuerdo: «La administración es mezquina, pequeña y quisquillosa. El gobierno es trabajoso, difícil y delicado. La guerra, como sabéis, es horrible, pero la paz es agotadora».

---

[17] Discurso del primer ministro francés Georges Clemenceau después de la victoria de Francia en la I Guerra mundial (N. de la T.).

[18] F. NIETZSCHE, *Más allá del bien y del mal*, Alianza, Madrid 2013[4], n. 76, 118.

El papa Francisco insiste en la necesidad de construir esa armonía:

No es fácil construir esta paz evangélica que no excluye a nadie sino que integra también a los que son algo extraños, a las personas difíciles y complicadas, a los que reclaman atención, a los que son diferentes, a quienes están muy golpeados por la vida, a los que tienen otros intereses. Es duro y requiere una gran amplitud de mente y de corazón, ya que no se trata de «un consenso de escritorio o una efímera paz para una minoría feliz», ni de un proyecto «de unos pocos para unos pocos». Tampoco pretende ignorar o disimular los conflictos, sino «aceptar sufrir el conflicto, resolverlo y transformarlo en el eslabón de un nuevo proceso». Se trata de ser artesanos de la paz, porque construir la paz es un arte que requiere serenidad, creatividad, sensibilidad y destreza[19].

---

[19] Papa Francisco, *Gaudete et exsultate* 89.

# CAPÍTULO 4

# Encontrar la paz
# o mantenerla

Igual que hay situaciones que nos hacen perder la tranquilidad, también hay medios concretos que pueden ayudarnos a encontrar la paz o mantenerla. Obviamente nunca vamos a alcanzar la paz completa. Pero como no somos puro espíritu, hay medios que están ahí para ayudarnos. Como subraya Bernanos en su *Diario de un cura rural,* hay muchos detalles que nos ayudan a conservar la serenidad: «Las pequeñas cosas no parecen nada, pero dan la paz»[1].

## Descansar

Antes de detenernos en los distintos medios de alcanzar la paz, hay uno que ya he mencionado

---

[1] G. BERNANOS, *Diario de un cura rural,* Encuentro, Madrid 1998, 203.

al hablar de la pérdida de tiempo, y es el de aprender a descansar. El cansancio físico y moral puede ser un obstáculo para la paz.

Ese descanso puede ser tan natural y concreto –por ejemplo, tomarse un tiempo para dormir lo suficiente– como espiritual. Es lo que enseñaba el jesuita François Guilloré para alcanza la quietud del alma:

> Para lograr la paz de espíritu y alcanzar la última perfección, debes acostumbrarte, cuando te encuentres en una de estas disposiciones, a retirarte en ella y, permaneciendo en ella con reposo, convertirla en la única ocupación de tu corazón, amando únicamente el estado presente en que te encuentras, sin desviar tu mente a ninguna otra cosa que pueda distraerte de tu propósito[2].

Santa Isabel de la Trinidad, en su célebre oración a la Trinidad, expresa igualmente ese deseo de encontrar el descanso en Dios, fuente de paz:

> ¡Oh, Dios mío, Trinidad a quien adoro! Ayúdame a olvidarme totalmente de mí, para instalarme en ti, inmóvil y serena, como si mi alma estuviera ya en la eternidad. Que nada pueda turbar mi paz,

---

[2] F. GUILLORÉ, *Maximes spirituelles pour la conduite des âmes*, 1670.

ni hacerme salir de ti, mi Dios inmutable, sino que cada momento me sumerja más adentro en la profundidad de tu misterio. Pacifica mi alma, haz en ella tu cielo, tu morada más querida y el lugar de tu descanso. Que nunca te deje solo allí, sino que esté por entero allí contigo, bien alerta en mi fe, en total adoración y completamente entregada a tu obra creadora[3].

## Momentos decisivos o experiencias

«Señor, qué bien se está aquí» (Mt 17,4). Entendemos perfectamente el comentario de Pedro, que tuvo la suerte, junto a Santiago y Juan, de ver a Cristo transfigurado. Pedro saborea las primicias del cielo, experimenta la paz, la alegría. Al igual que Pedro, que siente el deseo de quedarse donde está después de este acontecimiento extraordinario, también nosotros podemos vivir momentos decisivos y exclamar: «¡Qué bien se está aquí!». Cuando se trata de un retiro, un recogimiento o un fin de semana espiritual, esto resulta bastante evidente. Aunque la mayoría de las veces no tengamos ganas de ir, normalmente regresamos llenos de energía para afrontar con

---

[3] ISABEL DE LA TRINIDAD, *Oración a la Trinidad,* primer párrafo.

serenidad las dificultades, o simplemente para retomar la vida cotidiana.

Pero los momentos decisivos que nos transmiten paz no solo son los espirituales. De hecho, pueden ser muy variados: según la persona y las circunstancias nos mostraremos sensibles a momentos diferentes. Puede ser sencillamente una buena cena entre amigos, un paseo por la naturaleza, un tarde haciendo deporte, haber podido confiarse a alguien...

Uroz, en *Los jinetes* de Kessel, vive una experiencia en que la paz, a pesar de las dificultades, está muy presente. «¡Que la gran paz de este lugar, oh Uroz, sea contigo!»[4]. Después de su derrota en el campeonato de *bouzkachi* –un deporte local– organizado por el rey, Uroz regresa a casa a escondidas, con una pierna lesionada y enfrentándose a los peligros de la ruta secundaria que ha preferido tomar. En una especie de cementerio, Uroz vive una experiencia de paz con el llamado Abuelo de Todo el Mundo, Guardi Guerdj: «"Vete –dijo Uroz al *sais* [...]–. Déjanos en paz"»[5]. Guardi Guerdj le cuenta la historia del origen del vino, a pesar de su aversión a esta bebida. A Uroz le conmueve la tranquilidad de su interlocutor: «En su rostro, que recordaba a

---

[4] J. Kessel, *Los jinetes,* Destino, Barcelona 2001[2], 88.
[5] *Ib.*

una máscara de cera, había una profunda serenidad [...]. Una sonrisa que no tenía nada en
común con su habitual rictus de lobo asomó
a los labios exangües de Uroz»[6]. A pesar de las
dificultades del camino, de la pierna, que le
hace sufrir terriblemente, y de la traición de su
criado, Uroz vive en este sorprendente lugar una
hermosa experiencia de paz.

Si profundizamos, podemos encontrar numerosos medios y momentos que nos transmiten
paz. No todos son decisivos, sino que algunos
pertenecen a la experiencia cotidiana. Puede que
no tengamos que emprender una aventura como
Uroz, pero todos vivimos experiencias maravi-
llosas y serenas, experiencias de paz que se salen
de lo común. Cuando tomamos la decisión de
quedarnos en un lugar donde las condiciones
externas son extremas, en compañía de aquellos
con quienes compartimos esa experiencia, se
desarrolla un sólido vínculo que nos une. Lo
mismo ocurre después de un esfuerzo. Durante
la peregrinación de sacerdotes al santuario de
Cotignac, por ejemplo, el segundo día vivimos
un momento maravilloso de intercambio, de
presentación y de oración. Es tan poco común
que los hombres se abran, que esta peregrinación

---

[6] *Ib.*

constituye un momento de paz verdaderamente hermoso. Este momento se ve facilitado por la larga caminata anterior y, sobre todo, porque para llegar a la pequeña capilla hay que subir una cuesta muy empinada. El lugar en sí inspira tranquilidad, pero no es solo el lugar, sino lo que hemos vivido juntos como experiencia lo que constituye una fuente de paz.

## Los lugares

Cualquiera que haya ido a la gruta de Lourdes solo en enero, con una multitud durante el FRAT[7] o incluso en plena peregrinación anual para vivir un momento de retiro a pesar del ruido y la lluvia, se habrá sentido conmovido por la tranquilidad que se respira en la gruta de Massabielle.

Estos lugares de paz pueden ser iglesias como la de San Pedro de Roma donde, a pesar de la gente, nos sentimos en casa y no en el extranjero, o bien una pequeña ermita perdida en el campo, cuya sencillez nos proporciona una cierta serenidad. «Las catedrales imponen un sentimiento de confianza, de seguridad, de paz

---

[7] El FRAT o «Fraternel» es una peregrinación de jóvenes a Lourdes convocada todos los años por los obispos franceses (N. de la T.).

–señala Rodin–. ¿Cómo? Por medio de la armonía». Podríamos desarrollar el razonamiento de Rodin diciendo que no es solo la armónica belleza de estas construcciones lo que nos transmite paz, sino sobre todo el hecho de ser lugares habitados.

Esa paz resulta bastante evidente cuando se trata de una catedral o de un santuario. Pero hay otros muchos lugares que apelan a la serenidad. A pesar de su alma torturada, Romain Gary experimenta la paz al descubrir el mar:

El primer contacto con el mar me produjo un efecto turbador. Dormía tranquilamente en mi litera cuando sentí en la cara una bocanada de frescor perfumado. El tren acababa de pararse en Alassio y mi madre había bajado la ventanilla. Me incorporé apoyándome en los codos y mi madre siguió mi mirada sonriendo. Eché un vistazo fuera y, de repente, tuve la clara conciencia de que había llegado. Veía el mar azul, una playa de guijarros y botes de pescadores varados en la costa. Miré el mar. Algo me pasó. No sé el qué: una paz ilimitada, la impresión de haber llegado [...]. No sé hablar del mar. Lo único que sé es que me libra al momento de todas mis obligaciones. Cada vez que lo miro me convierto en un ahogado feliz[8].

---

[8] R. GARY, *La promesa del alba,* Debolsillo, Barcelona 2008.

Todos nos encariñamos fácilmente con los lugares que elevan el alma. Pueden ser paisajes donde nos sentimos transportados por la naturaleza: por ejemplo la orilla del mar, como Romain Gary, o la cima de una montaña, o incluso la ribera de un río.

## Los testigos de la paz

Todos conocemos a personas, cristianas o no, que ilustran esa serenidad. La aplicación Hozana y el movimiento Pax Christi proponen una peregrinación con una serie de personajes que han recibido el Premio Nobel de la Paz. A lo largo de ese itinerario caminamos en compañía, por ejemplo, de John Hume, Desmond Tutu o monseñor Carlos Felipe Ximenes Belo.

Después de la muerte del emperador Maximiliano en 1519, Francisco I de Francia, en su deseo de optar a la corona imperial frente a Carlos V –que salió elegido después de unas elecciones amañadas–, presumía de ser un hombre de concordia:

Es joven y está en la flor de la vida. Es liberal, magnánimo, experimentado y hábil en la guerra. Goza de la paz con todos sus vecinos, de modo que puede emplear su persona y todos sus bienes al servicio de Dios y de la fe, sin que nada le distraiga y nadie se lo impida[9].

Sin tener que recurrir necesariamente al Premio Nobel de la Paz, o a la ambición de Francisco I, hay hombres y mujeres cuyas vidas dan testimonio de paz y constituyen un ejemplo de serenidad. Al vivir profundamente esa paz interior, han sido capaces de difundirla. Hay numerosas figuras espirituales que han encarnado la bienaventuranza «dichosos los que trabajan por la paz». En la catedral de Santa Genoveva, en Nanterre, hay unos frescos que ilustran las bienaventuranzas. Para representar el *beati pacifi* nos encontramos con san Juan María Vianney que, en todo su ministerio, especialmente en la confesión, supo ser testigo de la paz que procede de Dios. También podemos pensar en san Juan Pablo II, la Madre Teresa... La lista de santos que podrían ilustrar esta bienaventuranza sería interminable. El papa Francisco por ejemplo, al otorgar a san Ireneo el título de doctor de la Iglesia, subrayaba su papel conciliador:

San Ireneo de Lyon, llegado de Oriente, ejerció su ministerio episcopal en Occidente: él fue

---

[9] Francisco I, *Autorretrato y declaración en su candidatura,* 1519.

un puente espiritual y teológico entre cristianos orientales y occidentales. Su nombre, Ireneo, expresa esa paz que viene del Señor y que reconcilia, reintegrando en la unidad. Por estos motivos, después de haber estudiado el parecer de la Congregación de las Causas de los Santos, con mi autoridad apostólica, lo declaro doctor de la Iglesia con el título de *doctor unitatis*[10].

Y cómo no pensar en san Francisco de Asís que, por medio de su vida y oración, solicitaba ser un instrumento de paz:

¡Señor, haz de mí un instrumento de tu paz!
Que allí donde haya odio, ponga yo amor;
donde haya ofensa, ponga yo perdón;
donde haya discordia, ponga yo unión;
donde haya error, ponga yo verdad;
donde haya duda, ponga yo fe;
donde haya desesperación, ponga yo esperanza;
donde haya tinieblas, ponga yo luz;
donde haya tristeza, ponga yo alegría.
¡Oh, Maestro!, que no busque yo tanto
ser consolado como consolar;
ser comprendido, como comprender;
ser amado, como amar.

---

[10] Papa Francisco, *Decreto del Santo Padre para la concesión del título de doctor de la Iglesia a san Ireneo de Lyon,* 21 de enero de 2022.

Porque dando es como se recibe;
olvidando, como se encuentra;
perdonando, como se es perdonado;
muriendo, como se resucita a la vida eterna.

Sin que tengan fe, o no necesariamente en un contexto eclesial, podemos encontrar hermosos ejemplos de artesanos de la paz, más allá de las personas comprometidas para poner fin a las guerras. Puede que sean personas mucho más cercanas a nosotros que los premios nobel. Esas personas, sin estar realmente comprometidas, son figuras pacíficas cuya presencia aporta serenidad. En ciertos grupos o comunidades, donde puede haber numerosas tensiones, su presencia y su palabra aportan paz y unidad. Estas personas, que podemos calificar de mediadoras, suelen desempeñar un papel beneficioso: antes incluso de hablar o de hacer las cosas, saben aportar serenidad.

## Conocerse bien

Me gustan mucho los test de personalidad. No los que salen en las revistas, donde se nos invita a contar puntos en función de nuestras respuestas. Me refiero al eneagrama o al test de talentos. No se trata de encasillar a la gente, sino de conocerse y conocer a tu interlocutor. Esa paz, que es frágil, se verá más o menos obstaculizada según nuestro perfil y nuestra personalidad. El estrés no procede de la misma fuente para todos, y conocernos nos ayudará a anticipar situaciones de tensión siempre que sea posible. A una persona le estresará hablar en público, a otra le angustiará un pensamiento, otra sufrirá antes de una presentación, otra por un informe que debe entregar... La lista podría continuar. Si aprendemos a gestionar mejor nuestro estrés y nuestra susceptibilidad, podremos conservar la calma.

En el párrafo anterior hablaba de un mediador que intenta desempeñar siempre un papel pacificador en su entorno, en un grupo o en una comunidad. En el eneagrama que acabo de mencionar, el noveno perfil es precisamente el de mediador, aquel que desea poner paz porque no soporta las discusiones. Su aversión a los conflictos puede resultar muy beneficiosa pero, como he dicho antes, puede ser vista por algunos como cobardía.

## La confesión

Para alcanzar la paz, la Iglesia propone el sacramento de la Reconciliación. Sabemos por experiencia que el pecado menoscaba la tranquilidad. Cuando vamos a confesarnos no solo vamos a pedir perdón, sino también a buscar la paz. Muchas veces, la persona centra su confesión en un cierto momento, en una experiencia concreta: ya no está tranquila; ha pasado algo que ha roto esa armonía. Normalmente, las personas que viven ese tipo de experiencia van a confesar una sola cosa, como si la paz arrebatada proporcionase una mayor conciencia del pecado, aunque este se limite a un detalle muy concreto.

En la fórmula de absolución, cuando recibimos el perdón recibimos también la paz:

Dios, Padre misericordioso, que reconcilió consigo al mundo por la muerte y la resurrección de su Hijo y derramó el Espíritu Santo para la remisión de los pecados, te conceda, por el ministerio de la Iglesia, el perdón y la paz.

El perdón y la paz están unidos desde la transmisión del perdón a los apóstoles. La tarde de Pascua, Jesús dio a sus discípulos el poder de perdonar: «A quienes perdonéis los pecados, les serán perdonados; a quienes se los retengáis, les serán retenidos» (Jn 20,23); es esa misma tarde cuando los saluda como hemos visto: «¡La paz esté con vosotros!» (Jn 20,19).

El confesionario es el lugar donde se experimenta la misericordia de Dios, que nos proporciona la paz:

> La humanidad no conseguirá la paz hasta que no se dirija con confianza a mi misericordia[11].

## La oración

A algunas personas les resulta natural buscar en la oración una fuente de paz. La oración es el momento en que experimentamos una relación viva con Dios: al estar más unidos a Él, siempre podemos acoger mejor la paz. La Madre Teresa, a la que ya hemos citado como ejemplo de serenidad, sacaba fuerzas de la oración. Su secreto para hacer tanto bien era la oración y la contemplación silenciosa de Jesucristo. Ella misma lo decía:

> El fruto del silencio es la oración; el fruto de la oración es la fe; el fruto de la fe es el amor; el fruto del amor es el servicio; el fruto del servicio es la paz[12].

---

[11] Faustina Kowalska, *Diario,* n. 300, Marian Press (Editorial de los Padres Marianos de la Inmaculada Concepción de la Santísima Virgen María), Stockdridge (Massachusetts) 2005.

[12] Teresa de Calcuta, *Pontificium opus a sancta infantia.*

No quisiera limitarme a la oración en general, sino hacer hincapié en la oración personal: ese tiempo algo prolongado, gratuito, en que estamos «descansando» en el Señor. El propio papa Francisco recomienda la oración como fuente de quietud:

Cuando hay circunstancias que nos abruman, siempre podemos recurrir al ancla de la súplica, que nos lleva a quedar de nuevo en las manos de Dios y junto a la fuente de la paz: «Nada os preocupe; sino que, en toda ocasión, en la oración y en la súplica, con acción de gracias, vuestras peticiones sean presentadas a Dios. Y la paz de Dios, que supera todo juicio, custodiará vuestros corazones» (Flp 4,6-7)[13].

En la oración estamos ante todo en silencio: no es necesario decir nada. Como esas parejas casadas desde hace mucho tiempo cuyo silencio, cuando los esposos están juntos, es más fuerte que ciertas palabras. Es en este caso cuando podemos hablar de silencio habitado.

No estamos acostumbrados al silencio, que no es natural, y tendemos a querer llenar ese vacío. Para que se produzca ese encuentro con Dios hay que abstraerse del ruido. Pero eso no

---

[13] Papa Francisco, *Gaudete et exsultate* 114.

basta: igual de importante que abstraerse del ruido es guardar silencio en nuestro interior, permanecer a la escucha, estar disponibles.

La oración puede ser desconcertante. Algunos días resulta muy sencilla: experimentamos la presencia de Dios sin dificultad. Otros, sin que sepamos muy bien por qué, se nos hace especialmente árida: tenemos la impresión de que no pasa nada. En la oración no es solo importante el silencio, sino también una cierta forma de gratuidad: ante todo, dedicar tiempo a Dios para estar con Él, no para conseguir algo. Sean cuales sean nuestras impresiones, después de haber dedicado un tiempo al Señor, ese encuentro puede proporcionarnos la paz.

## Una «especie» de abandono

Una actitud de abandono en la que tendemos a estar cada vez más disponibles, en la que aceptamos que no controlamos todo para no angustiarnos y aprender a confiar en el Señor, nos ayudará a permanecer en la paz.

Estar dispuesto a hacer la voluntad de Dios, a abandonarse, forma parte de la tradición cristiana. El modelo es Jesucristo, que se abandonó a la voluntad del Padre:

Y les dijo: «Me muero de tristeza. Quedaos aquí y velad conmigo». Avanzó unos pasos más, cayó de bruces y se puso a orar así: «Padre mío, si es posible, que pase de mí este cáliz; pero no sea lo que yo quiero, sino lo que quieres tú» (Mt 26,38-39).

Al hablar de abandono, no podemos dejar de mencionar la ya célebre oración de san Carlos de Foucauld:

Padre,
me pongo en tus manos,
haz de mí lo que quieras,
sea lo que sea, te doy las gracias.
Estoy dispuesto a todo, lo acepto todo,
con tal de que tu voluntad
se cumpla en mí y en todas tus criaturas.
No deseo nada más, Padre.
Te confío mi alma,
te la doy con todo el amor de que soy capaz,
porque te amo.
Y necesito darme,
ponerme en tus manos sin medida,
con una infinita confianza,
porque tú eres mi Padre.

En un principio este texto no fue concebido como una oración, sino como una meditación sobre Jesucristo en la cruz. Carlos de Foucauld no es solo un ejemplo de abandono, sino de verdadera renuncia: esperaba fundar una comunidad y vivir en compañía de sus hermanos, pero siempre estuvo solo. Sin embargo, después de su muerte surgieron varias familias religiosas inspiradas en su espiritualidad. Hoy en día existen numerosas congregaciones y asociaciones que siguen su ejemplo. Sin ese abandono, sin esa despreocupación por su propia fecundidad, Carlos de Foucauld no habría podido estar en paz.

Para algunas personas, ese abandono pasa por la obediencia, uno de los tres consejos evangélicos. La obediencia y el abandono se consiguen mediante experiencias que no siempre resultan agradables, lo que los hace aún más difíciles:

> ¡Qué difícil nos resulta! Sin embargo, es en esos momentos cuando progresamos y practicamos el abandono, lo que nos permite instalarnos en la paz y la serenidad[14].

## Aceptar la situación que nos ha tocado

Después de esta invitación al abandono, a la confianza, mi última propuesta para prolongar

---

[14] O. Haumonté, *Vivre aujourd'hui avec les saints,* Salvator, París 2022, 139.

esa tranquilidad puede parecer una perogrullada: se trata simplemente de aceptar la situación que nos ha tocado, de cumplir con nuestro deber, como el siervo del evangelio:

¿Quién de vosotros, que tenga un criado arando o pastoreando, le dice cuando llega del campo: «Pronto, ven y siéntate a la mesa»? Más bien le dirá: «Prepárame de cenar, y ponte a servirme hasta que yo coma y beba. Después comerás y beberás tú». ¿Tendría que estar agradecido al criado porque hizo lo que se le había ordenado? Así también vosotros, cuando hayáis hecho lo que se os haya ordenado, decid: «Somos siervos inútiles; hemos hecho lo que debíamos hacer» (Lc 17,7-10).

¿En qué consiste aceptar la situación que nos ha tocado? Esta expresión puede entenderse a varios niveles. Para estar tranquilos en la situación que nos ha tocado vivir debemos aceptar lo que tenemos, no estar constantemente comparándonos, aunque la vida de los demás nos parezca mejor. Si siempre estamos pensando en la suerte de los demás, comparándonos, nunca estaremos en paz. Es bueno tener planes, pero siempre que esos planes no nos impidan habitar el tiempo presente. Si no, siempre habrá una excusa para no estar en paz: aplazaremos los momentos de tranquilidad para el fin de semana, para las vacaciones, para cuando hayamos terminado tal o cual proyecto...

La lista podría prolongarse infinitamente. En lugar de estar siempre pensando en el futuro, debemos vivir el presente. Oblómov, el héroe –si es que se le puede llamar así– de la novela rusa de Goncharov, a pesar de su inmenso deseo de tranquilidad y de que no soporta que le molesten, nunca busca los medios para vivir en paz. Siempre está pensando en proyectos y aspiraciones que jamás pone en práctica. Su mayor ilusión consiste en emprender unas obras en sus terrenos, donde se vive muy bien, para establecerse tranquilamente allí hasta el final de su vida. El sueño interrumpe «el indolente y lento fluir de sus pensamientos» y lo traslada «de inmediato a otra época [...], entre otras gentes y en otro lugar, a donde nosotros, juntamente con los lectores, lo seguiremos en el capítulo siguiente»[15].

En el sueño, Oblómov expresa su deseo de tranquilidad, pero nunca hace nada para alcanzar esa paz:

El mismo silencio, la misma paz reina en los campos; de cuando en cuando se divisa a algún

---

[15] I. GONCHAROV, *Oblómov*, Alba, Barcelona 2014[5], 131.

labrador que, como una hormiga, se afana sobre la negra tierra y, abrasado de calor, tira sudoroso del arado.

La vida en esas aldeas se distinguía por esa misma profunda paz y quietud. No había ni pillajes ni asesinatos; ningún hecho temible tuvo allí lugar: ni pasiones violentas, ni empresas valerosas turbaban el ánimo de sus gentes.

Además, ¿qué pasiones, qué empresas serían capaces de turbarles? Cada uno se conocía a sí mismo. Vivían alejados de otros seres[16].

Más que estar soñando, como Oblómov, con algo que nunca se cumple, debemos vivir en el presente. En el Avemaría se habla de dos momentos importantes: «Ahora y en la hora de nuestra muerte». Igual que queremos estar en paz en el momento de morir, debemos hacer todo lo posible, con la ayuda de la Virgen María, para alcanzar esa paz en el presente.

---

[16] *Ib*, 138.

# Conclusión

Con estas líneas sobre la paz no pretendo ni mucho menos haber agotado el tema. Cuanto más profundizamos en la paz, más percibimos su complejidad, su fragilidad. Mi propósito, no obstante, consiste en redescubrir la paz e invitaros a buscarla. En el momento en que la experimentamos deseamos permanecer en ella, superando su lado paradójico y los obstáculos para conseguirla, buscando los medios para alcanzarla.

Para terminar os propongo retomar las palabras del abate Bossuet, conocido por sus brillantes sermones:

¡Oh, paz, preciado objeto de mi corazón! ¡Oh, Jesús, que eres mi paz, que me pusiste en paz con Dios, conmigo mismo, con todos, que de esa manera pacificaste el cielo y la tierra! ¿Cuándo, oh Jesús, cuándo, por la fe en el perdón de los pecados, por la tranquilidad de mi conciencia, por la dulce conciencia de tu favor y por una completa aceptación, o más bien adhesión, por una complacencia en tu eterna voluntad, en todos los acontecimientos de la vida, poseeré esa paz que está en ti, que viene de ti y que tú mismo eres?[1].

Es bueno buscar la manera de vivir esa armonía, pero no hay que olvidar que la paz viene de Dios:

Y la paz de Dios, que sobrepasa toda inteligencia, guardará vuestros corazones y vuestros pensamientos en Cristo Jesús (Flp 4,7).

Aunque ya no nos expresemos con la elocuencia de Bossuet, podemos pedirle al Señor que nos conceda esa paz que viene de él.

---

[1] J.-B. BOSSUET, *Œuvres complètes 3: Controverse, piété*, Outhenin-Chalandre fils Editeur, París 1840, 602.

# Índice

# Índice